Autor:

JESÚS FERNANDO PÉREZ LORENZO

MANUAL DE GRAMÁTICA PARA ALUMNOS DE EDUCACIÓN SECUNDARIA

WANCEULEN Editorial

WANCEULEN EDUCACIÓN

©Copyright: Jesús Fernando Pérez Lorenzo

©Copyright: De la presente Edición, Año 2019 WANCEULEN EDITORIAL

Título: MANUAL DE GRAMÁTICA PARA ALUMNOS DE EDUCACIÓN SECUNDARIA

Autor: JESÚS FERNANDO PÉREZ LORENZO

Editorial: WANCEULEN EDITORIAL
Sello Editorial: WANCEULEN EDUCACIÓN

ISBN (Papel): 978-84-9993-968-1
ISBN (Ebook): 978-84-9993-969-8

DEPÓSITO LEGAL: SE 20-2019

Impreso en España. 2019

WANCEULEN S.L.
C/ Cristo del Desamparo y Abandono, 56 - 41006 Sevilla
Dirección web: www.wanceuleneditorial.com y www.wanceulen.com
Email: info@wanceuleneditorial.com

ÍNDICE

Nosce te ipsum

A mis padres, in memóriam

TEMA I. FONÉTICA Y LÉXICO

1. DEFINICIÓN DE SÍLABA

Cada uno de los golpes de voz con que pronunciamos las palabras. Las vocales por sí solas pueden formar sílabas, mientras que las consonantes precisan de una vocal para poder pronunciarse y formar así una sílaba:

me-sa, a-é-re-o.

2. ORTOGRAFÍA DE LA SÍLABA

Cuando en la escritura tenemos que partir una palabra porque nos encontramos al final de un renglón, tenemos que tener en cuenta los siguientes aspectos:

- De tener que dividir una palabra, tendrá que hacerse respetando las sílabas que la componen.
- Ni al final ni al principio del renglón puede quedar aislada una letra de esa palabra.
- No pueden separarse los diptongos ni los hiatos.

Las sílabas pueden tener de una a cinco letras, siendo imprescindible en cada sílaba una vocal. Las sílabas que se componen de una sola letra se llaman sílabas *unilíteras*; las de dos *bilíteras*; las de tres *trilíteras* y las de cuatro o cinco letras *polilíteras*.

Palabras con sílabas de una letra: *A-é-re-o, lé-e-lo.*
Palabras con sílabas de dos letras: *me-sa, ga-to.*
Palabras con sílabas de tres letras: *ur-gen-te, tri-sí-la-ba.*
Palabras con sílabas de cuatro letras: *cons-tan-cia.*
Palabras con sílabas de cinco letras: *trans-por-te.*

La nueva Ortografía de la lengua española (2010) ha determinado que, palabras que la de 1999 establecía como bisílabas por ser pronunciadas con hiato, *criáis, friéis*, etc., pasen a partir de ahora a escribirse sin tilde y, por tanto, a considerarse monosílabas debido a que la falta del hiato ha dado lugar a que se pronuncien en un solo golpe de voz, por lo que en casos como estos podemos decir que en español hay sílabas que pueden tener hasta seis letras: *truhan* o *guieis* (monosílabas).

Nota: en el apartado 20.2, "Dudas razonables" encontrarás más información al respecto.

3. EL ACENTO

Podemos distinguir entre acento prosódico y acento ortográfico. El primero nos indica la intensidad que tiene una determinada sílaba en una palabra: en la palabra *pizarra* esta intensidad recae sobre la segunda sílaba [*pizárra*]. El acento prosódico no solo se da en una palabra, sino que también podemos observarlo en una oración. Así en *Toma tu maleta* el acento prosódico recae en la primera sílaba del verbo y del nombre: [*tóma* | *tumaléta*]. Hablamos, en estos casos, de grupo acentual. Definimos sílaba tónica a aquella en la que recae el acento prosódico y sílaba átona a la que carece de ese acento o intensidad. El llamado acento ortográfico (tilde) es aquel con el que representamos por escrito el acento prosódico.

4. CLASIFICACIÓN DE LAS PALABRAS SEGÚN EL NÚMERO DE SÍLABAS

Las palabras se dividen en:

- **Monosílabas:** cuando tienen solo una sílaba: *sol, sí, la.*
- **Bisílabas:** cuando tienen dos sílabas: *casa, mesa, gato.*
- **Trisílabas:** cuando tienen tres sílabas: *lámpara, pizarra, Gatita, Bolita.*
- **Polisílabas:** cuando tienen más de tres sílabas: *Alejandra, semáforo, ventanita.*

5. CLASIFICACIÓN DE LAS PALABRAS SEGÚN SU ACENTO

Se dividen en:

- **Agudas:** son aquellas en las que la última sílaba es tónica: *reloj, usted, ordenador, café, quizá.* Llevan tilde cuando terminan en vocal o en consonante que ea -n o -s.

- **Llanas:** son aquellas en las que la penúltima sílaba es tónica: *casa, tranquilo, mármol, corbata, fértil.* Llevan tilde cuando no acaban ni en -n, ni en -s, ni en vocal.

- **Esdrújulas:** son aquellas en las que la antepenúltima sílaba es tónica: *semáforo, lámpara, relámpago.* Las esdrújulas llevan tilde siempre.

- **Sobresdrújulas:** son aquellas en las que la sílaba tónica es alguna de las anteriores a la antepenúltima: *dibújaselo, cómpraselo, cómetelo.* Las palabras sobresdrújulas, al igual que las esdrújulas, llevan tilde siempre y solo son sobresdrújulas las palabras formadas por un verbo y dos o tres pronombres unidos a él (enclíticos)

6. CLASES DE VOCALES

Las vocales pueden ser abiertas o fuertes y cerradas o débiles.

Abiertas o fuertes: a, e, o
Cerradas o débiles: i, u

Como hemos visto anteriormente, una sílaba puede estar formada por una o varias letras; pero siempre con una vocal. La constitución normalizada de una sílaba contempla que no debiera haber más de una vocal; pero esto no siempre es así, surgiendo de esta manera los diptongos y los triptongos.

7. DIPTONGO

Un diptongo se produce cuando hay dos vocales que pertenecen a una misma sílaba: *cie-lo, bai-láis, siem-pre, rui-do*

Para que se produzca diptongo, las vocales tienen que estar en un orden:

- A+C
- C+A
- C+C distintas (i+u o bien u+i).

Ejemplo: *Cie-lo*. C+A

Al ser la *i* y la *e* cerrada más abierta respectivamente, forman diptongo y por lo tanto pertenecen a una misma sílaba.

El diptongo respeta las reglas de acentuación. Si lleva tilde lo hace sobre la vocal abierta y si fuera C+C lo hace sobre la segunda cerrada. La palabra anterior *cielo* no lleva tilde porque es llana y acaba en vocal.

Ejemplos de diptongos con tilde y sin ella:

- *adiós* (a-diós): aguda terminada en *s.*
- *fue*: no lleva tilde porque es monosílaba.

- *compráis* (com-práis): aguda terminada en *s.*
- *maicena* (mai-ce-na): llana. No lleva tilde porque acaba en vocal.
- *buhardilla* (buhar-di-lla): llana. No lleva tilde porque acaba en vocal. La *h* intercalada no es obstáculo para la formación de un diptongo

8. HIATO

Un hiato se produce cuando hay dos vocales juntas que pertenecen a sílabas distintas. Para que se produzca hiato, las vocales tienen que estar en un orden:

- A+A
- A+C
- C+A
- O bien dos vocales iguales (*posee, chiita, azahar, contraalmirante, Rociito, zoológico*).

Los hiatos solo respetan las reglas de acentuación en el caso de que estén formados por la combinación A+A o por tratarse de dos vocales iguales.

Ejemplos de hiatos con tilde y sin ella:

- *Aéreo* (a-é-re-o): palabra esdrújula. Lleva tilde siempre. Respeta las reglas de acentuación por tratarse de un hiato del tipo A+A.

- *María* (Ma-rí-a): llana. No debería llevar tilde según las reglas generales, ya que es llana acabada en vocal.

- *Transeúnte* (tran-se-ún-te): No debería llevar tilde según las reglas generales, ya que es llana acabada en vocal.

- *Baúl* (ba-úl): No debería llevar tilde según las reglas generales, ya que es aguda acabada en *l*.

- *Búho* (bú-ho): No debería llevar tilde según las reglas generales, ya que es llana acabada en vocal. La *h* intercalada no es obstáculo para la tilde.

- *Posee* (po-se-e), *chiita* (chi-i-ta) y *Rociito* (Ro-ci-i-to) no llevan tilde porque son llanas acabadas en vocal y ya hemos mencionado anteriormente que este tipo de hiatos sí que respetan las reglas de acentuación.

- *Azahar* (a-za-har) no lleva tilde porque es aguda terminada en *r*.

La combinación A+C o C+A se da en el diptongo y en el hiato, por lo que podemos encontrarnos con una situación complicada. Se produciría hiato y no diptongo en el momento en que recayera el golpe de voz sobre la vocal cerrada. En ese instante le pondríamos la tilde sobre esa vocal cerrada, aunque no la debiese llevar según las reglas generales de la acentuación. Como hemos dicho anteriormente, este tipo de hiatos no respeta las reglas de acentuación. Ej.: *Ma-rí-a, ba-úl, re-ír*.

Cuando nos encontremos con dos vocales juntas y no sepamos si forman diptongo o hiato nos haremos las siguientes preguntas:

1. ¿Puede ser diptongo?
2. ¿Puede ser hiato?
3. ¿Es hiato? (si no fuera hiato nos hacemos una cuarta pregunta).
4. ¿Lleva tilde?

Ejemplo: vamos a suponer que nos piden que digamos si la palabra *cancion* (*can-cion*) es diptongo, hiato, lleva tilde o no. Para ello vamos a seguir el esquema de preguntas que os hemos propuesto:

1. ¿Puede ser diptongo? Sí. Las vocales que conforman la sílaba –*cion* son C+A.
2. ¿Puede ser hiato? Sí. Las vocales que conforman la sílaba –*cion* son C+A.
3. ¿Es hiato? No, porque el golpe de voz no recae sobre la vocal cerrada. Por lo tanto, es diptongo.
4. ¿Lleva tilde? Sí, porque los diptongos respetan las reglas de acentuación. Es aguda acabada en –*n*: *can-* **ción.**

9. TRIPTONGO

Un triptongo se produce cuando hay **tres** vocales que pertenecen a una misma sílaba. Estas tres vocales tienen que ser C+A+C. Ej.: *lim-piáis*

El triptongo respeta las reglas de acentuación. Cuando lleve tilde, esta se pondrá sobre la vocal abierta.

No consideramos triptongo la combinación de vocales C+A+C cuando algunas de las vocales cerradas son tónicas.

En este caso lo que se produce es un hiato seguido de un diptongo cuando la tónica es la primera vocal cerrada, *co-mí-ais* o bien un diptongo seguido de un hiato cuando la tónica es la segunda vocal cerrada, *lim-pia-ú-ñas*.

10. TILDE DIACRÍTICA

Es una tilde que se le pone a algunas palabras para diferenciarlas de otras de igual forma; pero con distinto significado. Las palabras que llevan esta tilde no respetan las reglas de acentuación. A continuación, podréis ver algunos ejemplos:

CON TILDE DIACRÍTICA	SIN TILDE DIACRÍTICA
Dé: verbo	De: preposición
Tú: pronombre	Tu: determinante
Sé: verbo ser o saber	Se: pronombre
Té: bebida	Te: pronombre
Sí: adverbio o pronombre	Si: conjunción
Más: adverbio de cantidad	Mas: conjunción (pero)
Él: pronombre	El: determinante artículo
Etc.	Etc.

11. LA DEFINICIÓN Y ESTRUCTURA DE LAS PALABRAS

Es difícil encontrar una definición de palabra que pueda reunir todos los conceptos que el término conlleva y que pueda usarse en todos los contextos en que sea necesario.

Según el *DRAE* una palabra es un "segmento del discurso unificado habitualmente por el acento, el significado y pausas potenciales inicial y final".

Unificando criterios y de manera sencilla, podríamos decir que una palabra es *cada uno de los elementos en que puede dividirse una locución oral o una exposición escrita.*

12. LEXEMA Y MORFEMA

El lexema es la unidad mínima con **significado léxico** que no muestra morfemas gramaticales, como por ejemplo *pared, pez, sol,* o que, teniendo esos morfemas, puede prescindir de ellos por lo que se denomina proceso de segmentación, como por ejemplo *pan* en panadero. Los morfemas son unidades con **significado gramatical** que complementan a un lexema para otorgar terminaciones de género, número, aumentativo, diminutivo, etc. En función de la información que originan, podemos dividir los morfemas en:

- Morfemas flexivos: son todos aquellos que aportan algún tipo de información gramatical en forma de desinencia. Los hay:

  o Flexivos nominales, que son los que incluyen los morfemas de género y número: *niñ-**o**, niñ-**a** niñ-**os**, niñ-**as***

- o Flexivos verbales, que, como su nombre indican, son los que podemos encontrar en los verbos. Proporcionan la información correspondiente a la persona, número, tiempo, modo y aspecto: *am-aste, com-imos, am-aba.*

- Morfemas derivativos: son los que añadimos al lexema o raíz para introducir cambios en la semántica (significado) de la palabra, *pan/ panadero, cristal/cristalería.* En algunas ocasiones propician también el cambio de categoría gramatical (cambio de clase de palabra): *limpio* (adjetivo)/*limpieza* (sustantivo); *claro* (adjetivo)/*claridad* (sustantivo). Distinguimos tres tipos de morfemas derivativos:

  - o Prefijo: el que anteponemos al lexema o raíz, *in-movil, pre-juicio.*

  - o Sufijo: se sitúa al final del lexema, *alumn-os, cas-a,*

  - o Interfijo: podemos encontrarlos de manera habitual entre el lexema y el sufijo, *polv-ar-eda, moz-alb-ete* y también, de manera menos frecuente entre el prefijo y el lexema, *en-s-anchar.*

Nota: ¿sabrías distinguir si las siguientes palabras tienen dos sufijos, o un interfijo más un sufijo?

- *Volt-er-eta, puñ-al-ada, curs-il-ada, salud-able-mente.* La prueba es muy sencilla, si eliminamos el último sufijo y lo que queda es una palabra propia de la lengua, tenemos el caso de dos sufijos unidos; en caso contrario se tratará de un lexema con un interfijo más un sufijo:

- o *puñ-al-ada*. Eliminamos –*ada* y nos queda *puñal; salud-able-mente*. Eliminamos –*mente* y nos queda *saludable*. Estas dos palabras presentan dos sufijos juntos.

- o *Volt-er-eta*. Eliminamos –*eta y nos queda volter; curs-il-ada*. Eliminamos –*ada* y nos queda *cursil*. Ninguno de estos dos términos los reconocemos como palabras, por lo tanto, nos encontramos con dos casos de lexema más interfijo más sufijo.

Denominamos **Campo léxico** al conjunto de palabras que tienen un mismo lexema: *casa, caseta, caserío, casucha, casita*

13. CLASES DE PALABRAS POR SU FORMACIÓN

- **Simples:** son las palabras que están formadas por un único lexema al que se le puede añadir morfemas de género, número, etc.: *gat-o, sill-a, cas-a, pizarr-as*.

- **Compuestas:** son las palabras que están formadas por dos o más palabras simples. *Guardacoches, puntapié, limpiaparabrisas*.

- **Derivadas:** son las palabras que formamos añadiendo prefijos y sufijos a una palabra simple. *Inmóvil, panadero, cristalería.*

Nota: Para entender bien lo que es una palabra derivada vuelve a leer el apartado anterior *Morfemas derivativos.*

TEMA II. SEMÁNTICA

1. PALABRAS SINÓNIMAS

Son palabras que tienen distinta forma; pero un significado bastante parecido. Ej.: *listo-inteligente, guapa-bonita.*

2. PALABRAS ANTÓNIMAS

Son palabras que tienen significados contrarios. Ej.: *bueno, malo; feo, bonito, etc.*

3. PALABRAS HOMÓNIMAS

Atendiendo a la definición del DRAE, una palabra es homónima cuando "se pronuncia como otra, pero tiene diferente origen o significado muy distante" Es imprescindible la consulta del diccionario para saber si una palabra es homónima. Localizado el término podemos observar que la palabra en cuestión tiene más de una entrada, cada una de ellas representada por un número. Así, si buscamos la voz *baca,* observaremos que tiene dos entradas: *baca¹: portaequipajes (|| soporte en el techo de un vehículo), procede del fr. bâche, y este del galo bascanda, y baca²: Fruto o baya del laurel, que procede del lat. bacca.*

4. PALABRAS POLISÉMICAS

Una palabra polisémica es aquella que presenta pluralidad de significados de una determinada expresión lingüística. Al igual que con las palabras homónimas, se hace indispensable la consulta del diccionario para observar si el término requerido presenta homonimia o polisemia. Una palabra polisémica presentará una sola entrada con varias acepciones cada una de ellas introducidas por un numeral. Si buscamos en el DRAE la palabra *casa* observaremos que presenta quince significados distintos todos ellos relacionados con el mismo étimo: (del latín) *casa* 'choza'.

5 HIPERÓNIMOS E HIPÓNIMOS

Los hiperónimos son palabras que tienen un significado amplio que engloban a otros más concretos que son los llamados hipónimos.

- Hipernónimo: ropa
  - Hipónimos: pantalón, camisa, chaleco, etc
- Hiperónimo: fruta.
  - Hipónimos: naranja, melón, sandía, albaricoque, etc

6. CAMPO SEMÁNTICO

Conjunto de palabras que tienen como rasgo común su significado. Ej.; *plato, cuchara, tenedor, cuchillo, vaso, ...*

conforman un *campo semántico* relacionado con los utensilios de cocina.

7. EUFEMISMOS

Los eufemismos son palabras que sustituyen a otras que se estiman como vulgares, que suenan mal o que se consideran tabú. Así decimos *dar a luz* por parir, *alegre* por borracho, etc.

TEMA III. MORFOLOGÍA

1. CLASES DE PALABRAS

Podemos distinguir nueve clases de palabras:

Nombre o sustantivo
Adjetivo
Determinante
Pronombre
Verbo
Adverbio
Preposición
Conjunción
Interjección

Las cinco primeras se llaman variables porque pueden cambiar de género y número. Las cuatro restantes son invariables porque no pueden cambiar ni de género ni de número.

2. ANÁLISIS MORFOLÓGICO

Analizar morfológicamente una palabra consiste en establecer la categoría gramatical a la que pertenece además de aportar otros datos de interés, tales como su forma o clase. Son varios los datos que aporta un análisis de esta naturaleza. Podemos destacar los siguientes:

- Clase de palabra
- Género
- Número
- Número de sílabas
- Acentuación
- En el caso de los verbos su modo, tiempo, número y persona.

De esta forma si analizáramos morfológicamente la palabra *árbol* diríamos de ella:

nombre común, concreto, individual, contable, masculino, singular, bisílaba y llana.

Vamos a estudiar a continuación cada una de las clases de palabras que hemos visto en la tabla anterior.

3. EL NOMBRE O SUSTANTIVO

Es una palabra que utilizamos para expresar seres, objetos o ideas: *gato, mesa, Betis, Guadalquivir, bondad, felicidad, Sevilla,* etc.

El nombre puede ser:

- común o propio
- concreto o abstracto

- individual o colectivo
- contable o incontable

Nombre común: es el que se refiere a todos los seres de una misma clase: *niño, río, ciudad,* etc.

Nombre propio: es el que se atribuye a una persona o cosa determinada: *Rosa, Betis, Guadalquivir, Sevilla,* etc. Se escribe con mayúscula.

Nombre concreto: es aquel que puede ser percibido por los sentidos: *pizarra, mesa, bolígrafo, etc.*

Nombre abstracto: es aquel que no puede ser percibido por los sentidos: *bondad, felicidad, amor, etc.*

Nombre individual: es aquel que, estando en singular, designa a un solo ser: *lápiz, papel, coche, etc.*

Nombre colectivo: es aquel que, estando en singular, designa un conjunto de seres **de la misma especie:** *rebaño (conjunto de ovejas), tropa (conjunto de soldados), pinar (conjunto de pinos).*

Nombre contable: es aquel que designa a personas, animales o cosas que se pueden contar: *casa, maceta, silla.*

Nombres incontables o no contables: es un nombre común que utilizamos para designar materias, sustancias y otras circunstancias que no se pueden contar; aunque sí medirse, pesarse o cuantificarse de cualquier otra forma: *aceite, agua, calor, inteligencia*

La clasificación del nombre o sustantivo se realiza por oposición, es decir; si un nombre es común, no puede ser propio; si es concreto no puede ser abstracto y si es individual no puede ser colectivo.

Para analizar un nombre propio bastará decir:

Rafael: nombre propio, masculino, trisílaba, aguda.

Nota 1: sobre el nombre propio de ciudades extranjeras En algunas ocasiones nos encontramos con nombres propios de ciudades extranjeras que, habiendo sido escritas y enunciadas en español de una determinada manera tradicional, vienen apareciendo en los medios de comunicación con distinta grafía y pronunciación. Tal es el caso de *Beijing* por *Pekín*, o de *Shanjhái* por *Shanghái*. La RAE recomienda por distintas y diversas razones, el uso tradicional en el caso de *Pekín* y el uso de *Shanghái* como consecuencia de transcribir el original chino al alfabeto latino, y por lo tanto escribirla con tilde para así acogerse a las reglas generales de acentuación.

Nota 2: topónimos en las otras lenguas del Estado

Exponemos a continuación lo que recoge el Diccionario Panhispánico de Dudas en relación al topónimo *Gerona* y que podemos hacer extensivo al resto de topónimos en las otras lenguas del Estado: "Nombre tradicional en lengua castellana de la provincia y ciudad de Cataluña cuyo nombre en catalán es *Girona*. Salvo en textos oficiales, donde es preceptivo usar el topónimo catalán como único nombre oficial aprobado por las Cortes españolas, en textos escritos en castellano debe emplearse el topónimo castellano. El gentilicio, para todo tipo de textos, incluidos los oficiales, es gerundense".

4. EL GÉNERO

Los nombres pueden ser masculinos o femeninos y resultará habitual que exista una forma concreta para cada uno de estos dos géneros gramaticales siguiendo el patrón biológico del sexo. Así nos encontramos palabras que cambian de género por el uso de desinencias o morfemas sufijos que se añaden a una misma raíz: *niño/niña*, *perro/perra* o también podemos encontrar palabras de distinta raíz según sea el sexo, lo que llamamos heteronimia: *caballo/yegua* o *yerno/nuera*

4.1 Nombres epicenos

Son aquellos que, al referirse a seres animados, tienen una forma única para señalar a individuos de un sexo u otro. Los hay epicenos masculinos: *personaje, ratón, tiburón...* y epicenos femeninos: *persona, codorniz, ballena...*. En el caso de los animales se ha de añadir la especificación de *macho* o *hembra* cuando se quiera hacer mención explícita al sexo referente.

4.2 Nombres ambiguos en cuanto al género

Habitualmente hacen mención a seres inanimados y aceptan su uso en masculino o femenino sin que eso afecte al significado de la palabra en sí. Así tenemos *el/la mar, el/la azúcar, el/el calor.* No son sustantivos ambiguos aquellos que cambian su significado dichos en masculino o femenino: *el/la editorial, el/la cólera.*

4.3 Uso del masculino en referencia a seres de ambos sexos

Tal y como recoge la RAE "Este tipo de desdoblamientos son artificiosos e innecesarios desde el punto de vista lingüístico. En los sustantivos que designan seres animados existe la posibilidad del uso genérico del masculino para designar la clase, es decir, a todos los individuos de la especie, sin distinción de sexos: *Todos los ciudadanos mayores de edad tienen derecho a voto.*

La mención explícita del femenino solo se justifica cuando la oposición de sexos es relevante en el contexto: *El desarrollo evolutivo es similar en los **niños** y las **niñas** de esa edad.* La actual tendencia al desdoblamiento indiscriminado del sustantivo en su forma masculina y femenina va contra el principio de economía del lenguaje y se funda en razones extralingüísticas. Por tanto, deben evitarse estas repeticiones, que generan dificultades sintácticas y de concordancia, y complican innecesariamente la redacción y lectura de los textos.

El uso genérico del masculino se basa en su condición de término no marcado en la oposición masculino/femenino. Por ello, es incorrecto emplear el femenino para aludir conjuntamente a ambos sexos, con independencia del número de individuos de cada sexo que formen parte del conjunto. Así, los alumnos es la única forma correcta de referirse a un grupo mixto, aunque el número de alumnas sea superior al de alumnos varones".

4.4 El femenino en profesiones, cargos y títulos

Pueden presentarse las siguientes casuísticas:

4.4.1 Los nombres masculinos acabados en –o normalmente forman el femenino cambiando esta vocal por –a: *médico/médica, ministro/ministra*. Esta primera casuística presenta algunas excepciones, como pueden ser *el/la modelo* o *el/la testigo* que hay que tratarlos como *comunes* en cuanto al género.

4.4.2 Por circunstancias etimológicas nos encontramos a veces que el femenino se presenta con la terminación culta –isa: *profeta/profetisa* o bien *poeta/poetisa*.

4.4.3 Los que terminan en –e suelen funcionar como comunes: *el/la conserje, el/la orfebre*; pero no siempre, como por ejemplo *alcalde/alcaldesa* o *conde/condesa*. En algunos casos se ha generado el femenino en –a: *jefe/jefa*. En este mismo grupo nos encontramos con los sustantivos acabados en –ante o –ente que etimológicamente proceden de los participios de presente latinos: *complaciente* o *inteligente*; no obstante, lo anterior, se ha generalizado el uso femenino –a en algunas palabras, como por ejemplo *presidenta* o *clienta*.

4.4.4 Aquellos sustantivos terminados en –i o en –u se consideran también comunes: *el/la maniquí, el/la gurú*.

4.4.5 Los acabados en –*y*. *Rey/reina*. Los que terminan en –*or* forman el femenino añadiendo una –*a*: *profesor/profesora*. En algunos casos se recurre a las terminaciones cultas: *actor/actriz*.

4.4.6 Los que terminan en –*ar*, *-er*, *-ir* o –*ur* se consideran comunes: el/la auxiliar, *el/la chófer, el/la faquir* o bien *el/la augur*

4.4.7 Los sustantivos agudos terminados en –*n* y en –*s* hacen generalmente el femenino añadiendo –*a bailarín/bailarina, guardés/guardesa*.

4.4.8 Aquellos nombres que finalizan en –*l* o en –*z* suelen considerarse como comunes: *el/la cónsul, el/la juez*; no obstante, es frecuente encontrarse casos de estas palabras finalizadas en –*a*: *concejal/concejala, juez/jueza*.

4.4.9 Los nombres terminados en consonantes distintas a las que aquí se han reflejado se consideran comunes en cuanto al género: *el/la chef, el/la pívot*.

4.4.10 También se consideran comunes los sustantivos que indican la graduación de la escala militar: *el/la sargento, el/la coronel*.

4.5 ¿Género neutro?

Los sustantivos, al contrario que ocurre en otros idiomas, no tienen género neutro. En español consideramos como neutros los pronombres demostrativos *esto, eso* y *aquello*; algunos cuantificadores como *tanto, cuanto, mucho* o *poco*, los pronombres indefinidos *nada* y *algo*; el artículo *lo* y los pronombres personales *ello* y *lo*, este último solo en algunas ocasiones. Esto es lo que refleja la RAE al respecto de este caso: "la forma neutra *lo* (pronombre personal) se emplea cuando el antecedente es un pronombre neutro (esto, eso, aquello), toda una oración o el atributo en una oración copulativa: *Él no dijo eso, lo dije yo*; *Que no quieras ir, lo comprendo*; —*¿Eran guapas?* —*Sí, lo eran.*

5. EL NÚMERO: SINGULAR Y PLURAL

De nuevo recurrimos al diccionario normativo, donde podemos leer: "singular: número que se manifiesta a través de determinada concordancia y que en nombres y pronombres expresa la referencia a una unidad".

Plural: "número que se manifiesta a través de determinada concordancia y que en nombres y pronombres normalmente expresa la referencia a varias entidades"

5.1 La formación del plural

La *–s* y la *–es* son las dos marcas que se usan en nuestro idioma para la formación de plural; no obstante, debemos seguir unas pautas que nos ayuden a entender el proceso. Seguiremos el esquema propuesto por la RAE

5.1.1 Nombres y adjetivos terminados en vocal átona o en –e tónica. El plural se forma con *–s: mesas, pianos, pies.*

5.1.2 Nombres y adjetivos terminados en –a o en –o tónicas. El plural se forma con –s: *mamás, platós.*

5.1.3 Nombres y adjetivos terminados en –i o en –u tónicas. Aunque admiten el plural en –es y en –e, es preferible siempre en la lengua culta usar la primera de las formas. Así tenemos *tabués, israelíes.* También recurrimos a esta terminación al nominalizar el plural del adverbio de afirmación *sí: síes.* Los términos procedentes de otras lenguas sí que recurren a la terminación –s para formar el plural: *menús, champús.*

5.1.4 Nombres y adjetivos terminados en –y precedida de vocal. El plural lo hacen con –es: *reyes, bueyes, leyes.* Esta regla tiene la excepcionalidad de aquellas palabras que se han incorporado recientemente al uso cotidiano. Son, generalmente, términos procedentes de otras lenguas. En este caso el plural lo hacen en –s, cambiando la *y* del singular por *i* con objeto de mantener el carácter vocálico: *jersey/jerséis, espray/espráis.*

5.1.5 Términos extranjeros terminados en –y precedidos de una consonante. En estos casos se debe adaptar gráficamente la palabra al español, de forma que se sustituya la –y por –i: *dandy/dandis, panty/pantis.*

5.1.6 Nombres y adjetivos terminados en –s o en –x. Ante esta situación se nos plantean dos casos. El primero de ellos tiene como protagonistas a las palabras monosílabas o polisílabas agudas. En este caso el plural se forma añadiendo –es: *redes, comunicaciones,* *constitucionales.* Para el resto de palabras, no hay variación: *catarsis, dúplex, cirrosis.*

5.1.7 Nombres y adjetivos terminados en -l, -r, -n, -d, -z, -j. Siempre y cuando no vayan precedidas de otras consonantes, realizan el plural en *–es: fértiles, calores, relojes.* Si las palabras son extranjerismos se sigue la misma regla: *píxeles, pines.* Se consideran excepciones las palabras esdrújulas que permanecen invariables en plural: *el/los trávelin, el/los cáterin.*

5.1.8 Nombres y adjetivos terminados en consonantes distintas de -l, -r, -n, -d, -z, -j, -s, -x, -ch. En este caso nos referimos a términos procedentes de otras lenguas o también a sonidos onomatopéyicos, en tal caso hacen el plural añadiendo *–s: chip/chips, cómic/cómics.* La voz club queda al margen de la norma por ser admitidas las dos formas: *clubs/clubes.*

5.1.9 Nombres y adjetivos terminados en –ch. Términos procedentes de otras lenguas. Dos casos: se mantienen invariables en plural *el/los brunch* o bien se le añade *–es: sándwich/ sándwiches.*

5.1.10 Nombres y adjetivos terminados en grupo consonántico. Como en el caso anterior, estamos ante voces procedentes de otras lenguas. Forman su plural añadiendo *–s*, a excepción de los que ya terminan en *–s* que siguen la regla general ya descrita en el punto 5.1.6: *iceberg/ icebergs, récord/ récords.* La palabra *test*, tan usada en el mundo educativo en su acepción de "prueba destinada a evaluar conocimientos o aptitudes, en la cual hay que elegir la respuesta correcta entre varias opciones previamente fijadas", permanece invariable en plural: *el/los test.*

5.1.11 Plural de los latinismos. Hacen el plural añadiendo –*s* o –*es* o permanecen invariables dependiendo de sus características formales: *ratio/ratios, déficit/déficits, ítem/ítems.*

5.1.12 El caso de currículum. La Academia recomienda el uso de las variantes hispanizadas de los latinismos y, por consiguiente, también su plural: *currículo/currículos.* En el caso de querer usar la forma originaria *currículum,* su plural permanece invariable *el/los currículum,* en ningún caso ha de emplearse el plural latino en –*a: currícula.* La nueva ortografía de 2010 establece lo siguiente para las locuciones latinas **pluriverbales:** "…deben escribirse, de acuerdo con su carácter de expresiones foráneas, en cursiva (o entre comillas) y sin acentos gráficos, ya que estos no existen en la escritura latina: Así fue, *grosso modo,* como acabó aquel asunto. Se casó *in articulo mortis* con su novia de toda la vida. Renunció *motu proprio* a todos sus privilegios. Decidieron aplazar *sine die* las negociaciones. El examen *post mortem* reveló indicios de envenenamiento. Las grandes potencias eran partidarias de mantener el *statu quo*

6. EL DETERMINANTE

Atendiendo a lo que establece el Diccionario Panhispánico de Dudas en su terminología lingüística, un determinante es una "palabra que tiene como función introducir el nombre en la oración y precisar su extensión significativa, señalando a cuáles o cuántas de las entidades designadas por el nombre se refiere el que habla, o bien si estas son o no conocidas o consabidas por los interlocutores". Se escribe delante del nombre; aunque en algunas ocasiones también puede ir detrás. Ej.: *el libro, mi libro, esos libros, nuestros libros, libros tuyos.*

Clases de determinantes:

- Artículo
- Demostrativo
- Posesivo
- Numeral
- Indefinido
- Relativo
- Interrogativo
- Exclamativo

6.1 Artículos

Son los que más se utilizan. Actualizan o determinan al nombre. Distinguimos entre determinados: *el, la, lo, los, las,* e indeterminados: *un, una, unos, unas*: *la casa, las casas, una casa, lo verde.*

Nota: como ya hemos referido, el determinante artículo *lo* es de género neutro.

6.1.1 Determinantes artículos contractos: son dos determinantes: *al* y *del* que están formados por la preposición *a* más el artículo *el* y por la preposición *de* más el artículo *el*: *voy al cine; vengo del teatro*. Cuando *el* forma parte de un nombre propio, no es posible realizar la contracción: Este verano iré a *El Cairo*; vengo de *El Salvador*.

6.2 Demostrativos

Indican la distancia entre el que habla y el que escucha. Son: *este, esta, estos, estas, ese, esa, esos, esas aquel, aquella, aquellos, aquellas*: *esta mano, esa mano, aquellas manos*.

6.3 Posesivos

Indican a qué persona de la conversación nos estamos refiriendo. Son: *mi, mis, tu, tus, su, sus, mío, mía, míos, mías, tuyo, tuya, tuyos, tuyas, nuestro, nuestra, nuestros, nuestras, vuestro, vuestra, vuestros, vuestras, suyo, suya, suyos, suyas*: *mi lápiz, su lápiz, lápiz mío, lápices tuyos*.

Pueden ir delante o detrás del nombre al que acompañan.

6.4 Numerales

Concretan de forma cuantitativa el significado del nombre al que acompañan. Hay cuatro tipos de determinantes numerales:

6.4.1 Cardinales: los determinantes cardinales del *cero al quince*, las decenas (*veinte, treinta*), el *cien, quinientos y mil* son consideradas palabras simples. El resto de cardinales se consideran compuestos y se crean por un proceso de fusión, yuxtaposición o coordinación de los numerales cardinales simples. De los compuestos, se escriben en una sola palabra los que abarcan los números 16 a 19 y 21 al 29 y también todas las centenas: *dieciséis, diecisiete, dieciocho, veintitrés, trescientos, seis*cientos, etc. Es a partir de treinta cuando los cardinales se escriben en varias palabras. Las decenas se escriben por coordinación: *treinta y uno, setenta y cuatro, noventa y nueve*; y el resto se escriben por yuxtaposición: *ciento seis, dos mil trescientos cincuenta*, etc. Por analogía de los cardinales compuestos de *diez* y de *veinte*, se recogen casos, especialmente en autores americanos, de grafías univerbales que no sean los compuestos anteriormente citados. De tal forma podemos escribir *treintainueve, cuarentaisiete*, etc. Su uso es perfectamente válido; aunque es mayoritario el uso de las formas pluriverbales: *treinta y nueve, cuarenta y siete*, etc.

6.4.2 ordinales: expresan orden o sucesión. Pueden ir antepuestos o pospuestos al nombre. *Vives en el segundo piso; he leído el capítulo cuarto de tu libro.* Son palabras simples los que corresponden a los números del 1 al 9: *primero segundo, tercero, cuarto*, etc. Y aquellos que se corresponden con las centenas (100 a 900): centésimo, tricentésimo, etc. También son simples los ordinales que se corresponde con 1000: *milésimo* y las potencias superiores, que se forman añadiendo al numeral cardinal correspondiente la terminación *-ésimo: milésimo, millonésimo, billonésimo*, etc. El resto de ordinales son compuestos y se forma por yuxtaposición: *decimotercero, vigesimocuarto, trigésimo noveno, ducentésimo segundo, tricentésimo cuadragésimo noveno*, etc.

A continuación, os damos una lista con algunos determinantes numerales ordinales. Observa que al escribirlos con números lo hacemos siguiendo este orden: **número, punto y letra volada**.

1.º Primero	20.º Vigésimo
2.º Segundo	21.º Vigésimo primero
3.º Tercero	30.º Trigésimo
4.º Cuarto	40.º Cuadragésimo
5.º Quinto	50.º Quincuagésimo
6.º Sexto	60.º Sexagésimo
7.º Séptimo	70.º Septuagésimo
8.º Octavo	80.º Octogésimo
9.º Noveno	90.º Nonagésimo
10.º Décimo	100.º Centésimo
11.º Undécimo	101.º Centésimo primero
12.º Duodécimo	200.º Ducentésimo
13.º Decimotercero	300.º Tricentésimo
14.º Decimocuarto	1000.º Milésimo

6.4.3 Multiplicativos: expresan mutiplicación: *doble, triple, cuádruple*, etc. Se considera normal el uso de los más bajos de la serie. A partir de nueve se suele usar el numeral cardinal que corresponda acompañado de las expresiones *veces mayor o veces más*: *el barco era once veces mayor que el avión*.

6.4.4 Fraccionarios: también los llamamos partitivos y se utilizan para designar una o v arias de las fracciones en que se ha dividido la unidad: *catorceavo, treintava,* etc. Se escriben en una sola palabra y cuando se forman por adición del sufijo *–avo* o *–ava,* debe reducirse las dos vocales iniciales a una sola: *treintava* y no *treinteava.*

Nota: los numerales funcionan como sustantivos cuando se utilizan para nombrar las cifras: *el **siete** que me ha puesto el profesor en Lengua hará que apruebe la asignatura.* Nos estamos refiriendo al nombre del número *siete.*

A excepción hecha de los que presentan variación de género, como por ejemplo *doscientos/as, trescientos/as,* etc., los determinantes numerales cardinales toman dicho género del nombre al que se refieren: *cuatro libros* (masculino); *cuatro sillas* (femenino).

Los determinantes numerales, excepto *uno, una* presentan número plural debido a la concordancia necesaria entre el determinante y el nombre al que acompaña, si bien es cierto que no presentan lo que se llama *la marca de plural;* es decir no cumplen con la regla de formación del plural que, como todos sabéis, se crea añadiendo *–s* o *–es* a la palabra en singular.

6.5 Indefinidos

Se escriben delante o detrás del nombre para indicar personas o cosas sin identificarlas. Son varias las formas, pero los más utilizados son: *algún/a/os/as: algún hombre, algunas personas, cosas varias,* etc. *Ningún/a/os/as;*

todo/a/os/as; cierto/a/os/as: cierto día, ciertos asuntos, etc.
Otro/a/os/as; cualquier/a: cualquier niño, etc.

6.6 Relativos

Lo utilizamos para hacer referencia a algo ya aparecido anteriormente y que llamamos antecedente. Sus formas son: cuyo, *cuya, cuyos y cuyas y cuanto cuanta, cuantos, cuantas. El coche, cuya puerta fue abollada, es de mi padre. Leyó cuantos libros estaban a su alcance.*

6.7 Interrogativos y exclamativos

Los utilizamos para formular preguntas o indicar exclamaciones; suelen ir delante del nombre. No tienen formas fijas y llevan tilde diacrítica; los más usuales son:

Qué, cuánto/a/os/as: ¿Qué hora es?. ¡Qué casa más bonita! ¿Cuántos años tienes?

7. EL ADJETIVO

Los adjetivos calificativos son palabras que utilizamos para expresar las cualidades del nombre o las propiedades de lo designado por ese sustantivo: *casa grande, niña feliz, buen alumno,* etc. El adjetivo puede ir delante o detrás del nombre al que acompaña.

En algunas ocasiones el adjetivo acompaña a los verbos ser o estar: *soy feliz, estás delgado,* etc.

El adjetivo calificativo puede ser:

7.1 Especificativo

Los consideramos necesarios, ya que diferencian a un nombre de otro a partir de la calificación. Un árbol puede ser *grande o pequeño*.

7.2 Explicativo o epíteto.

Su uso no es imprescindible, ya que el nombre al que califica ya lleva en sí mismo esa cualidad. Su uso es muy generalizado en el lenguaje poético, ya que embellecen y realzan el discurso: sangre *roja*, mar *salada*, *verde* pradera

En algunas ocasiones el adjetivo puede aparecer apocopado (pérdida de uno o más sonidos finales de una palabra) cuando va delante del nombre: *San* Fernando, *buen* estudiante, *gran* partido del Betis, etc.

7.3 De una y dos terminaciones

Los adjetivos de una terminación son los que no presentan variación de género: *hombre fuerte, mujer fuerte; perro alegre, perra alegre*.

Por el contrario, los de dos terminaciones son los que sí experimental variación de género: *Hombre bueno, mujer buena; perro travieso, perra traviesa*

7.4 Grados del adjetivo calificativo

El adjetivo puede presentar tres grados: positivo, comparativo y superlativo.

7.4.1 Positivo: aparece sin cuantificar, sin adverbios de cantidad (más, menos, etc.) y sin las terminaciones –ísimo/a etc: *Fernando es bueno. Yolanda es guapa.*

7.4.2 Comparativo: La cualidad que expresa el adjetivo se presenta en una estructura de comparación: *Rafael es más alto que Fernando. La casa es tan grande como la suya.* Existen tres variaciones en el grado comparativo:

- Comparativo de superioridad: *Rafael es más alto que Fernando.*

- Comparativo de inferioridad: *este coche es menos rápido que aquel.*

- Comparativo de igualdad: *el coche es tan rápido como la moto.*

7.4.3 Superlativo. La cualidad aparece en su grado máximo. *Alejandra es muy trabajadora. Claudia es buenísima. Rosa es la más trabajadora.*

7.5 Adjetivo sustantivado

Se produce mediante un proceso por el que *convertimos* un adjetivo en un nombre al ponerle delante un determinante artículo: *los buenos ganaron la batalla. Buenos* es un adjetivo que, al ponerle delante el determinante artículo *los*, lo hemos convertido en un adjetivo sustantivado.

7.6 Adjetivo gentilicio

Los gentilicios son adjetivos que nos indican la procedencia o el origen de algo o de alguien: *el coche es italiano, Luna es sevillana.* También se usan como sustantivos cuando representan a los habitantes de un lugar determinado. *Los andaluces son alegres.* Siempre se escriben con minúscula.

8. EL PRONOMBRE

Es la palabra que utilizamos para sustituir al nombre: *Rosa fue al teatro, ella fue al teatro.*

Clases de pronombres

- Personal
- Demostrativo
- Posesivo
- Relativo
- Indefinido
- Interrogativo
- Exclamativo
- Numeral

8.1 Pronombres personales

Son los pronombres que designan a los distintos participantes en una argumentación y están relacionados con una persona gramatical:

- De 1.ª persona: *yo, mí, me, conmigo, nosotros, nosotras, nos.*

- De 2.ª persona: *tú, ti, te, usted, contigo, vosotros, vosotras, os, ustedes.*

- De 3.ª persona: *él, ella, ello, ellas, ellos, la, le, lo, las, les, los, sí, se, consigo.*

Ejemplos: *yo te regalaré un reloj. Se lo traeré mañana. Cuando vosotras digáis, lo compraré. Os lo diré hoy.* Se recuerda que *ello* y *lo* (este último solo en algunos casos) son neutros.

8.2 Pronombres demostrativos

- Este, esta, esto, estos, estas: *esta es mi casa.*
- Ese, esa, eso, esos, esas: *mi carpeta es esa.*
- Aquel, aquella, aquello, aquellas, aquellos; *tus libros son aquellos.*

Recordamos que los pronombres demostrativos *esto, eso y aquello* son neutros.

8.3 Pronombres posesivos

- Mío, mía, míos, mías, nuestro, nuestra, nuestros, nuestras: *este coche es el mío.*

- Tuyo, tuya, tuyos, tuyas, vuestro, vuestra, vuestros, vuestras: *los libros son tuyos*
- Suyo, suya, suyos, suyas: *¿Es suyo el coche?*

8.4 Pronombres relativos

Son aquellos que sustituyen a un sustantivo citado con anterioridad llamado antecedente: *que, cual/es, quien/es, cuanto/a/os/as, cuyo/a/os/as: el libro que trajiste es mío. Libro* es el antecedente; *que*, el pronombre relativo. El género y el número del pronombre relativo lo determinará su antecedente, en este caso masculino y singular.

8.5 Pronombres interrogativos y exclamativos

Tienen la misma forma y sustituyen a la persona o cosa de la que se pregunta o se exclama algo. Solo se diferencian en los signos, que serán de interrogación o exclamación según sea el caso. Son: *qué, cuál/es, quién/es, cuánto/a/os/as: ¿Qué haces aquí? ¿Quién es ese señor? !Quién me mandará estar aquí!*

Nota: las interrogaciones pueden ser directas o indirectas, según lleven signos de interrogación o no.

Ejemplo: *¿Qué es eso?* Directa. *Me pregunto qué será eso.* Indirecta.

8.6 Pronombres numerales

Tienen la misma forma que los determinantes numerales. Solo se diferencian de estos en que no acompañan a ningún nombre: *tu hermano tiene tres bolígrafos* (tres determinante numeral) *y yo tengo cuatro.* (Cuatro pronombre numeral).

8.7 Pronombres indefinidos

Se refieren a personas o cosas sin identificarlas: *ha ocurrido algo; alguien ha traído este libro.*

Las formas más usuales son: *alguien, cualquiera, nadie, poco, nada, ninguno, etc.*

Recuerda que *algo* y *nada* son neutros.

Fíjate bien. ¿Te has dado cuenta de que algunos pronombres llevan tilde diacrítica, como por ejemplo *él, sí,* o *qué?*

9. EL VERBO

Es una clase de palabra que expresa una acción o un estado, *correr, hablar, comer, salir, ser, estar,* etc.

9.1 Clases de verbos:

- Copulativos: son aquellos que tienen un escaso contenido léxico y que unen un sujeto con un atributo. Son verbos copulativos *ser, estar* y *parecer;* aunque este último presente también usos no copulativos como cuando es usado como verbo de juicio u opinión (creer) o cuando signifique "tener o guardar parecido con alguien o semejar": *se parece a su abuelo, me parece que están llamándote por teléfono.*

- Predicativos: son aquellos que no se consideran copulativos; expresan estados, acciones o pasiones del sujeto a que se refieren. Pueden ser:

  o Transitivos. Expresan una acción que recae sobre un objeto en particular: *compraré el pan en la tienda*

  o Intransitivos. Son aquellos que expresan la acción que el sujeto lleva a cabo: *nadé en la piscina*

  o Reflexivos: la acción del verbo recae sobre el sujeto: *Rosa se lavará las manos en el lavabo*

  o Recíprocos: expresan un intercambio en la acción entre varias personas o cosas: *Alejandra y Claudia se escriben cartas*

  o Impersonales: no tienen sujeto, por lo que deben conjugarse en tercera persona del singular: *hay muchas personas en la fiesta. Llueve en Sevilla.*

  o Defectivos: son aquellos que carecen de una conjugación completa al no tener algunas formas personales o algún tiempo verbal: *llover, ocurrir, balbucir, soler,* etc.

Los verbos auxiliares: según el DRAE, son aquellos que "se emplean en la formación de los tiempos compuestos, de la voz pasiva y de las perífrasis verbales, y que aportan generalmente información modal o aspectual". Consideramos verbos auxiliares a los verbos *haber* y al *ser.*

Según su forma, los verbos pueden ser:

- Regulares: sus formas siguen un modelo según la conjugación a la que pertenezcan. En español hay tres conjugaciones:

  - 1.ª Conjugación: aquellos verbos cuyo infinitivo acaba en -ar: *saltar*.
  - 2.ª Conjugación: infinitivo acabado en -er: *temer*.
  - 3.ª Conjugación: infinitivo acabado en -ir: *partir*.

- Irregulares: sus formas no siguen un modelo establecido. Los verbos irregulares pueden presentar transformaciones muy importantes: el presente del verbo *caber* es *quepo*; si no fuera irregular debería ser *cabo*.

Un verbo puede conjugarse en voz activa y en voz pasiva.

9.2 La voz activa

El verbo tiene un sujeto que realiza, elabora o interviene en la acción del verbo. De esta manera decimos *Rafael compra el pan*. *Rafael* es el encargado, en este caso, de realizar la acción que el verbo indica. Por ello decimos que el verbo comprar en este ejemplo está en *voz activa*.

9.3 La voz pasiva

Al contrario que en la voz activa, el verbo tiene un sujeto que **no** realiza la acción sino que la padece. *El pan es comprado por Carlos*. En este caso el verbo comprar aparece en voz pasiva, ya que *el pan* no realiza, elabora o interviene en la acción, simplemente, como hemos dicho anteriormente, la padece. La voz pasiva se construye conjugando el verbo ser y añadiéndole el participio del verbo que corresponda. Ejemplo: si me piden que conjugue *el pretérito imperfecto de indicativo* del verbo *aprobar* en voz pasiva, simplemente tendré que conjugar el mismo tiempo pero del verbo ser, para a continuación añadirle el participio del verbo *aprobar*; es decir *yo era* (pretérito imperfecto de indicativo del verbo ser) *aprobado* (participio del verbo aprobar). Fácil, ¿no? **Recuerda:** voz pasiva >>> verbo ser. Estudia el verbo ser y sabrás conjugar los verbos en voz pasiva.

Nota: es recomendable el uso de la voz activa al de la voz pasiva ya que las oraciones construidas en voz activa son más cortas, más directas y más fáciles de entender; no obstante debemos conocer y estudiar el uso de la voz pasiva, ya que en algunas situaciones su uso es imprescindible, sobre todo cuando queremos ocultar o prescindir del sujeto de la oración. *La limosna fue entregada en la parroquia.*

Nota: cómo analizar morfológicamente un verbo

Decimos por este orden: persona, número, tiempo, modo, verbo, voz y conjugación.

Ejemplo.: *comeré:* primera persona del singular del futuro de indicativo del verbo comer; voz activa; segunda conjugación.

9.4 Las perífrasis verbales

Una perífrasis verbal es una construcción sintáctica formada por un verbo auxiliar y un verbo de significado pleno en forma no personal que funciona como núcleo del predicado. La utilizamos cuando el uso de una forma simple o compuesta de un determinado verbo no es suficiente para expresar una determinada acción, *tengo que comer* más, *lleva estudiando* todo el día, *encontró herido* al gato.

9.4.1 Estructura de la perífrasis verbal

- Verbo auxiliar. Es el que aporta el significado gramatical y aparece en forma personal, ***tengo*** *que comer más.*

- Nexo. Aunque puede no haberlo, suelen ser preposiciones o conjunciones, *lleva estudiando todo el día* (sin nexo); *jamás dejó* **de** *hacerle caso.*

- Verbo pleno o auxiliado. Es el encargado de aportar el significado en la perífrasis. Siempre va a aparecer en infinitivo, gerundio o participio, *encontró* **herido** *al gato, se echó* **a correr** *al ver al ladrón.*

9.4.2 Clasificación de la perífrasis verbal

Según la forma no personal:

9.4.2.1 De infinitivo

Forma no personal	Tipos	Estructura	Ejemplos
infinitivo	Obligación	Haber de + infinitivo	He de estudiar mañana
		Haber que + infinitivo	Hay que comer pronto
		Deber + infinitivo	Debéis estudiar mucho más
		Tener que + infinitivo	Tienen que traer esas actividades
	Posibilidad	Deber de + infinitivo	Debe de estar llegando
		Venir a + infinitivo	Viene a costar 100 €
	Perfectiva (acción ya acabada)	Acabar de + infinitivo	Acabé de comer
		Llegar a + infinitivo	Llegó a hablar inglés muy bien
		Dejar de + infinitivo	Dejó de fumar al nacer su hija

Forma no personal	Tipos	Estructura	Ejemplos
infinitivo	Incoativa (principio de una acción)	Ir + infinitivo	Voy a comer ahora
		Echar a + infinitivo	Echó a correr muy rápido
		Terminar por + infinitivo	Terminé por estudiar todo el tema
	Iterativa (repetición de un hecho)	Volver a + infinitivo	Vuelvo a estudiar mañana
		Soler + infinitivo	Suelo comer aquí

9.4.2.2 De gerundio

Forma no personal	Tipos	Estructura	Ejemplos
Gerundio	Durativa (Acción en su duración)	Estar + gerundio	Estáis estudiando mucho
		Andar + gerundio	¿Qué andáis buscando?
		Seguir + gerundio	Sigo haciendo mi tarea
	Continuativa (acción que se mantiene)	Venir + gerundio	Venimos pidiendo ayuda
		Seguir + gerundio	Sigo viendo el eclipse

9.4.2.3 De participio

Forma no personal	Tipos	Estructura	Ejemplos
Participio	Acción terminada	Tener + participio	Tenemos amortizado el préstamo
		Quedar + participio	Quedó dicha la verdad
		Llevar + participio	Llevo aprendidos dos temas

El siguiente esquema te facilitará el estudio de los distintos tiempos verbales. Fíjate en la correspondencia entre las formas simples y las compuestas.

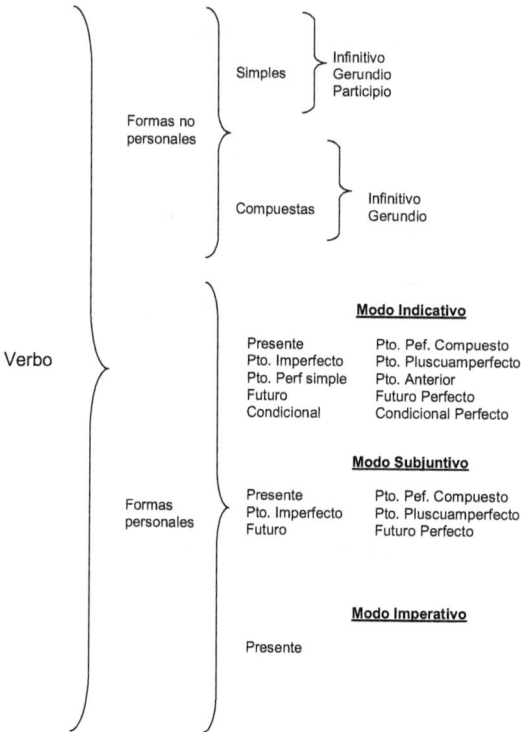

```
                                    Simples    ┌ Infinitivo
                                               │ Gerundio
                                               └ Participio
                    Formas no
                    personales

                                    Compuestas ┌ Infinitivo
                                               └ Gerundio


                                               Modo Indicativo

                                    Presente        Pto. Pef. Compuesto
Verbo                               Pto. Imperfecto Pto. Pluscuamperfecto
                                    Pto. Perf simple Pto. Anterior
                                    Futuro          Futuro Perfecto
                                    Condicional     Condicional Perfecto


                                               Modo Subjuntivo

                    Formas          Presente        Pto. Pef. Compuesto
                    personales      Pto. Imperfecto Pto. Pluscuamperfecto
                                    Futuro          Futuro Perfecto


                                               Modo Imperativo

                                    Presente
```

Estas cinco clases de palabras que hemos visto hasta ahora son las llamadas *variables* porque admiten cambios de género y de número. A continuación, estudiaremos las *invariables*.

10. EL ADVERBIO

El adverbio califica o modifica al verbo, adjetivo, nombre o a otro adverbio: *Come mucho. Mucho* es adverbio y modifica el significado del verbo comer. *Es bastante alto. Bastante* es adverbio y modifica el significado del adjetivo *alto. El examen está bastante bien. Bastante* es adverbio y modifica el significado del adverbio *bien. Quiero más sopa. Más* es adverbio y modifica al nombre sopa.

10.1 Clases de adverbios

- Lugar: *aquí, allí, cerca, lejos,* ...
- Tiempo: *hoy, mañana, ayer, próximamente,* ...
- Modo: bien, mal, regular, así, ...
- Cantidad: *mucho, muy, poco, más, bastante,* ...
- Afirmación: *sí, también, en efecto,* ...
- Negación: *no, jamás, nunca,* ...
- Duda: *quizá/s, acaso, tal vez,* ...
- Interrogativo: *cuándo, cuánto, dónde, cómo y adónde.*
- Exclamativo: mantienen la misma forma que los interrogativos. La diferencia la aporta el significado de uso: *¿Cómo está tu hermano?; ¡Cómo ha quedado la casa de bonita!*
- Relativo: donde, como, cuando, cuanto

Si añadimos la partícula -*mente* a un adjetivo lo transformamos en un adverbio: feliz: felizmente; agil: ágilmente; preciso: precisamente

El adverbio terminado en -*mente* llevará tilde si el adjetivo del cual proviene también la lleva: util: útilmente (con tilde); bueno: buenamente (sin tilde).

10.2 Locuciones adverbiales: son expresiones que adquieren la función de un adverbio.

Ejemplos: *a tontas y a locas, de verdad, a manos llenas.*

11. LA PREPOSICIÓN

Se utiliza para relacionar palabras en una oración: *casa de madera, fui hasta donde me dijiste,...*

Las más comunes son:

A, ante, bajo, cabe, con, contra, de, desde, durante, en, entre, hacia, hasta, mediante, para, por, según, sin, so, sobre, tras, versus y vía.

Las preposiciones, *cabe* y *so,* están dejando de usarse; *cabe* significa *junto a*: se sentó *cabe* mí. *So* significa bajo: las hormigas cavaron su hogar *so* la tierra.

Curiosidad: la palabra *vía* es una preposición según la acepción decimosexta del DRAE: *recibí el archivo vía Internet.*

12. LA CONJUNCIÓN

Se utiliza para unir oraciones: *traje el dinero y compré el libro. Te encargué el regalo; pero se te olvidó.*

Las hay de dos tipos: coordinadas y subordinadas.

12.1 Coordinadas

- Copulativas: *y, e, ni, que* (esta última de uso arcaizante, aunque podemos considerarla dentro de este grupo)
- Disyuntivas: *o, u.*
- Adversativas: *mas, pero, aunque, sin embargo, sino.*
- Explicativas: *o sea, esto es, es decir, mejor dicho,...*
- Distributivas: *ya...ya, sea...sea, ora...ora*

Nota: Desde la revisión de la Nueva Gramática de la Lengua Española (2011), las conjunciones coordinadas explicativas y distributivas no se consideran verdaderos nexos, sino que son casos particulares de las conjunciones disyuntivas y de yuxtaposición (junto con la coordinación y la subordinación es otra de las formas de unir dos oraciones simples, en este caso sin nexos y con pausas o signos de puntuación). No confundas la conjunción *mas* con el adverbio de cantidad de la misma forma. La conjunción no lleva tilde y puede sustituirse por *pero*. Ejemplo: *Lo hiciste, mas te arrepentirás* (conjunción). *Quiero más sopa* (adverbio de cantidad).

12.2 Subordinadas

- Concesivas: aunque, por más que, por muy...que, ...
- Consecutivas: luego, por lo tanto, ...
- Condicionales: si...
- Causales: porque, puesto que, ya que, ...
- Finales: para, para que, con el fin de que, ...

Como podrás observar hay dos conjunciones *aunque*. Si se puede sustituir por *pero* será coordinada adversativa; de lo contrario será subordinada concesiva.

13. UN CASO ESPECIAL: POR QUÉ, PORQUE, POR QUE, PORQUÉ

Como has podido leer, estamos ante cuatro formas distintas de escribir y pronunciar estas palabras. A continuación, te enseñaremos unos pequeños trucos para distinguirlas:

¿Por qué?: formado por la preposición *por* y el pronombre interrogativo *qué*. Se utiliza para formular una pregunta. Puede ir con signos de interrogación o sin ellos. Truco: se le puede poner detrás la palabra *causa*. Ej.: *¿Por qué (causa) no vienes conmigo?*

Por que: formado por la preposición *por* más el pronombre relativo *que*. En este caso es lo mismo que decir *por el cual, por la cual, por los cuales* o *por las cuales*: *Esa es la puerta **por que** salió; esa es la puerta **por la cual** salió; no sabemos el motivo **por que** dijo eso; no sabemos el motivo **por el que***

dijo eso También puede estar formado por la preposición *por* y la conjunción *que*. En este caso podemos sustituir todo lo que va detrás de la preposición por *eso*: *Nos hemos decidido **por que** vengas a casa. Nos hemos decidido **por eso**.*

Porqué: es un sustantivo. Puede llevar delante un determinante. Truco: se puede sustituir por la palabra *motivo*. Ej.: *no sé el porqué de tu decisión; no sé el motivo de tu decisión.*

Porque: es una conjunción subordinada causal. Se utiliza para responder a una pregunta. Truco: se puede sustituir por las también conjunciones *pues* o *puesto que*. Ej.: *lo hice porque quise; lo hice puesto que quise.*

14. LA INTERJECCIÓN

La utilizamos para formar enunciados exclamativos que manifiestan impresiones, verbalizan sentimientos o realizan actos de habla apelativos. Podemos establecer dos tipos:

- Impropias: se forman a partir de formas nominales, adjetivales, verbales o adverbiales: ¡Socorro!, ¡ayuda!, ¡ole!, ¡vamos!

- Propias: carecen de función gramatical y se presentan como una sola palabra escrita entre signos de admiración: ¡eh!, ¡ay!, ¡bah!

TEMA IV. SINTAXIS

1. CONCEPTO DE ORACIÓN

Una oración es la unidad menor de comunicación que tiene sentido completo.

2. ESTRUCTURA DE LA ORACIÓN

Una oración tiene dos partes bien diferenciadas o dos miembros que guardan relación entre sí: el sujeto y el predicado.

- **Sujeto**: es aquello de que se dice algo. Ej.:

Los niños estudiaron el examen
Sujeto

- **Predicado:** es lo que se dice del sujeto. Ej.:

Los niños estudiaron el examen
predicado

Podemos distinguir dos tipos de predicados: predicado nominal predicado verbal.

Predicado nominal: indica cualidades del sujeto.

Antonio es bueno
Predicado nominal

Se construye con los verbos ser y estar, aunque también en ocasiones, pueden aparecer otros, como por ejemplo el verbo *parecer* que desempeña las mismas funciones que los anteriores.

Predicado verbal: expresa las acciones que realiza el sujeto de la oración.

Jesús viene al colegio todos los días
Predicado verbal

La oración puede ser simple o compuesta, dependiendo del número de verbos que tenga. Así tenemos que *Fernando pintará el cuadro* es una oración simple porque solo tiene un verbo y *Fernando pintará un cuadro que venderá en la exposición* es una oración compuesta porque tiene más de uno.

3. CLASIFICACIÓN DE LA ORACIÓN SIMPLE

La oración simple puede presentar una doble clasificación:

- Según la clase de verbo que lleve.
- Según la actitud del hablante.

4. SEGÚN LA CLASE DE VERBO

Para atender la primera clasificación vamos a seguir el siguiente esquema:

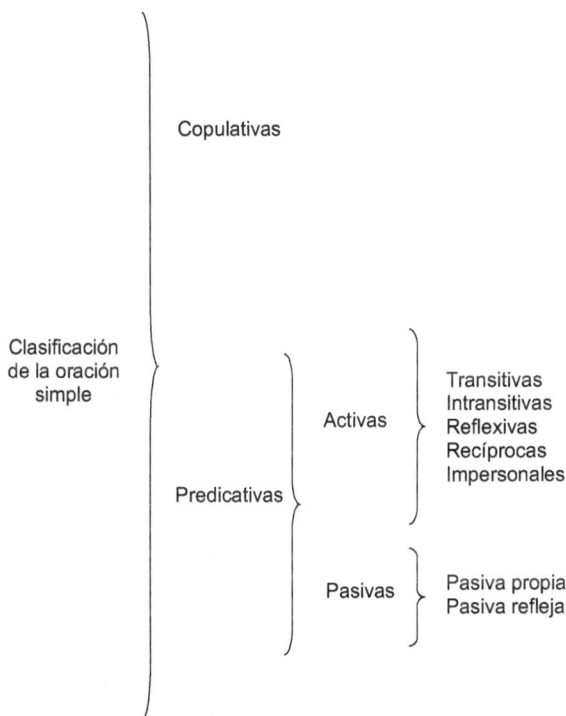

Clasificación de la oración simple

- Copulativas
- Predicativas
  - Activas
    - Transitivas
    - Intransitivas
    - Reflexivas
    - Recíprocas
    - Impersonales
  - Pasivas
    - Pasiva propia
    - Pasiva refleja

4.1 La oración copulativa. Presenta en su estructura un *predicado nominal: Alejandra está contenta en Edimburgo.*

4.2 Oración predicativa: su predicado es *verbal, Alejandra ha terminado sus estudios universitarios.*

Según hemos podido observar en el esquema anterior las oraciones predicativas pueden ser activas y pasivas.

4.2.1   Oraciones activas:

- Transitivas. El núcleo del predicado es un verbo transitivo, que es aquel que necesita de un complemento denominado *complemento directo* para completar su significado. *Yolanda compró el pan.* Esta oración tiene un significado pleno; sin embargo, si omitiésemos *el pan*, (complemento directo) quedaría con un significado vago e impreciso: *Yolanda compró...*

- Intransitivas. El núcleo del predicado es un verbo intransitivo que tiene significado completo. Nunca llevarán complemento directo. *Alejandra irá al cine.* Sí que pueden llevar complemento indirecto: *Me gusta el cine.*

- Reflexivas. Son oraciones con verbos transitivos que tienen como característica que el sujeto hace y recibe la acción del verbo. *Alejandra se lava las manos.*

- Recíprocas. Son oraciones con verbos transitivos que se caracterizan por tener un sujeto múltiple en el que sus componentes hacen y reciben mutuamente la acción del verbo. *Rafael y Rosa se escriben cartas.*

- Impersonales. Carecen de sujeto; suelen estar relacionadas con fenómenos atmosféricos o con construcciones con el verbo haber. *Lloverá en Sevilla. Hay mucha gente en el estadio.*

Nota: en el epígrafe *Dudas razonables* puede leerse más del verbo *haber*

4.2.2   Oraciones pasivas:

- Pasivas propias. El núcleo del predicado verbal es un verbo conjugado en voz pasiva. Tienen sujeto paciente y pueden llevar un complemento denominado *agente* que más adelante podrás estudiar. *El ordenador fue comprado ayer por Yolanda.*

- Pasivas reflejas. El núcleo del predicado verbal es un verbo conjugado en voz activa precedido por el pronombre *se*. El sujeto es paciente y en algunas ocasiones puede llevar *complemento agente* cuando nos referimos, por ejemplo, a un contexto jurídico-administrativo: *El ordenador se compró ayer. La infracción de tráfico se recurrió por el abogado.* Por ser un tipo de oraciones pasivas, los verbos con los que se construyen son transitivos.

En resumen:

- Las oraciones transitivas siempre tienen que llevar necesariamente complemento directo y **pueden** llevar complemento indirecto.

- Las oraciones intransitivas nunca llevarán complemento directo y el indirecto es opcional.

- Los verbos copulativos *ser y estar* son también intransitivos y pueden llevar complemento indirecto. *La falda **te** está estrecha en la cintura*

- Cuidado con las oraciones impersonales del tipo *Hay mil personas en el estadio*: *mil personas* **NO** es el sujeto, es el complemento directo, de ahí que no concuerden en número.

- El pronombre *se* de las oraciones pasivas reflejas forma parte del núcleo verbal de dichas oraciones, por lo que no se puede analizar por separado.

- Tanto en las oraciones pasivas propias como en las pasivas reflejas, el sujeto siempre será paciente, siendo este rasgo el que caracterice a este tipo de oraciones.

5. CLASIFICACIÓN SEGÚN LA ACTITUD DEL HABLANTE

Al hablar no solo emitimos ideas, sino que dejamos ver nuestra *actitud* ante lo que queremos decir. De esta manera podemos expresar un mismo concepto de forma distinta. No es lo mismo preguntar algo, mostrar duda en lo que decimos o afirmarlo de forma contundente. Por ello se hace necesario establecer una clasificación de oraciones que facilite y nos haga comprender mejor lo que queremos decir y la forma en la que queremos decirlo.

- Oraciones enunciativas: comunican simplemente una información. Pueden ser afirmativas o negativas: *Iré al cine hoy* (enunciativa afirmativa; *No iré al cine hoy* (enunciativa negativa).

- Oraciones interrogativas: transmiten o expresan una pregunta.

  o Directas: entre signos de interrogación. *¿Qué hora es?*

  o Indirectas: no necesitan los signos de interrogación: *Me pregunto qué hora será.*

- Exclamativas: expresan sorpresa, admiración, alegría, euforia. Pueden ir entre signos de admiración. *¡Voy a aprobar Lengua!*

- Exhortativas: expresan un ruego o un mandato *Ponte a estudiar inmediatamente.*

- Desiderativas: expresan deseo. *Ojalá apruebe el examen.*

- Dubitativas: expresan duda. *Quizás venga hoy.*

6. CONCEPTO DE SINTAGMA

Palabra o grupo de palabras que forma una unidad y desempeña una función en la oración.

7. TIPOS DE SINTAGMAS:

- Sintagma nominal
- Sintagma verbal
- Sintagma preposicional
- Sintagma adjetival
- Sintagma adverbial

7.1 Sintagma nominal

El núcleo de este sintagma es un nombre, pronombre o cualquier palabra que se pueda nominalizar (infinitivo, adjetivo...). El nombre puede aparecer solo o acompañado de determinantes u otras palabras que completen su significado: *Estos alumnos, La casa de madera, el tren veloz.*

7.1.1 Estructuras del sintagma nominal

El sintagma nominal puede presentarse de las siguientes formas:

SN> N	Casa
SN> Dt+N	la casa
SN> Dt+N+**Adyacente**	la casa **grande**
SN> Dt+N+S.Prep	la casa de madera

Nota: el adjetivo *grande* está complementando el significado de *casa*. Este tipo de adjetivo que acompaña al nombre en un sintagma nominal recibe el nombre de *adyacente.* Es muy importante que recuerdes esto para cuando tengas que analizar sintácticamente una oración.

7.2 Sintagma preposicional

Se forma con una preposición más un sintagma nominal. Generalmente la preposición suele ser *de*, aunque pueden ser otras: *sin, con, en, ... llave de mi casa, zumo sin azúcar, ganas de reñir, televisor en garantía.*

7.2.1 Estructuras del sintagma preposicional

La forma más usual de presentarse es la siguiente:

SPrep. > prep.+SN	mesa de cristal

Nota: el sintagma nominal que forma este sintagma preposicional puede presentar todas las variantes que vimos en el apartado *estructura del sintagma nominal.*

7.3 Sintagma verbal

El núcleo de este sintagma es un verbo. Como hemos visto anteriormente, si el verbo núcleo de este sintagma es *ser* o *estar* forma un predicado nominal (*Fernando es alto*). Si es cualquier otro verbo forma un predicado verbal (*Alejandra tiene catorce años*).

7.4 Sintagma adjetival

El núcleo de este sintagma es un adjetivo. *Soy feliz*

7.4.1 Estructuras del sintagma adjetivo

Puede presentarse de las siguientes formas:

S.Adj. > Adj	soy feliz
S.Adj. > Adv+Adj	soy bastante feliz
S.Adj. > Adj+S.Prep	Ella es buena para el equipo

7.5 Sintagma adverbial

El núcleo de este sintagma es un adverbio. *compraré la bicicleta hoy*

7.5.1 Estructuras del sintagma adverbial

Puede presentarse de las siguientes formas:

S. Adv. > Adv	Compraré la bicicleta hoy
S. Adv. > Adv+Adv	Estás bastante cerca
S. Adv. > Adv+S.Prep.	El está cerca de ti
S. Adv. > Loc. Adv.	Hizo el examen a tontas y a locas

Todos estos elementos de la oración se agrupan en dos unidades básicas: el sujeto y el predicado.

8. Funciones de los sintagmas

El sintagma verbal desarrolla en la oración la función más importante de todas, que no es otra que la de construir el predicado. Los demás sintagmas pueden desempeñar las siguientes funciones:

Funciones	Abreviaturas
Sujeto	S
Complemento del nombre	CN
Atributo	ATR
Complemento circunstancial	CC
Complemento adjetival	C ADJ
Complemento adverbial	C ADV
Complemento directo	CD
Complemento indirecto	CI
Complemento de régimen	CR
Predicativo	PVO
Aposición	APS
Vocativo	VOC
Complemento agente	C AG

9. LA FUNCIÓN DE SUJETO

El sujeto es la función que utilizamos para expresar de quién o de qué se dice algo. El sujeto será siempre un *sintagma nominal*:

- *Juan canta.* El sustantivo *Juan* es el núcleo del SN que hace la función de sujeto.

JESÚS FERNANDO PÉREZ LORENZO

- ***Él** canta.* El pronombre personal de tercera persona *él* es el núcleo del SN que hace la función de sujeto.

- ***Los buenos** cantan.* En este caso el adjetivo sustantivado *buenos* es el núcleo del SN que hace la función de sujeto.

9.1 Tipos de sujeto

- Sujeto agente: cuando realiza la acción indicada por el verbo. Propio de las oraciones activas. Ej.: ***Yolanda** estudió en Sevilla.*

- Sujeto paciente: cuando recibe o padece la acción. Propio de las oraciones pasivas: ***El partido** fue ganado por el Betis.*

Ten en cuenta:

- El sujeto puede ir al principio, en medio o al final de la oración. Ej.:

Rafael compró el pan
El pan **Rafael** lo compró
Compró el pan **Rafael**

- Suele construirse sin preposiciones ni conjunciones iniciales, aunque en algunas ocasiones sí las necesita para completar su significado. En la oración ***la casa de madera** está en el lago*, el sujeto de la oración es *la casa de madera*. Como podemos apreciar, la preposición *de* es imprescindible para iniciar el *complemento del*

- 80 -

nombre. Algo parecido ocurre en oraciones con sujeto múltiple. **Rafael y Rosa** *se escriben cartas*: la conjunción *y* sirve de nexo de unión entre los elementos de este tipo de sujeto.

- El sujeto concuerda en género, número y persona con el núcleo verbal.

- En algunas ocasiones el sujeto de la oración puede estar omitido. Hablamos, pues, de oraciones con sujeto elíptico: *Compraré el pan más tarde.* La desinencia verbal nos pone en la pista para saber que el sujeto va a ser *yo*; de la misma manera que en la oración *compra**remos** el pan* sabemos que el sujeto es *nosotros.*

10. LA FUNCIÓN DE COMPLEMENTO DEL NOMBRE

Es la función que generalmente se representa por un *sintagma preposicional* que complementa a un nombre. La preposición más utilizada para iniciar dicho sintagma es *de* aunque pueden aparecer otras. Puede ir en el sujeto y en el predicado.

- *La casa **de Alejandra** tiene cinco habitaciones.*
- *Me gustan los churros **con azúcar.***

11. LA FUNCIÓN DE ATRIBUTO

El atributo es la función que utilizamos para indicar cualidades o estados del sujeto a través de los verbos copulativos *ser o estar* y en algunas ocasiones, *parecer*. Solo puede ir en el predicado de las oraciones copulativas. Puede ser atributo:

- Un sintagma nominal: *Yolanda es **profesora**, Fernando es **aquel**.*
- Un sintagma adjetivo: *Luna es **inteligente**.*
- Un sintagma adverbial: *Rafael es **así**.*
- Un sintagma preposicional: *La casa es **de madera***

11.1 Algo más del atributo:

- Muy importante: las oraciones construidas con los verbos ser o estar que no lleven *atributo* NO SON COPULATIVAS, sino intransitivas: *Yolanda está **contenta** en su clase con sus alumnos:* oración copulativa; tiene atributo, **contenta**. *Yolanda está en su clase con sus alumnos:* oración intransitiva; no tiene atributo.

- El atributo concuerda en género y número con el sujeto de la oración: *Yolanda* (femenino, singular)-**contenta** (femenino singular).

- Como ayuda extra podemos decir que el atributo puede ser sustituido por el pronombre personal de tercera persona *lo*: *Yolanda está contenta. Yolanda lo está.*

12. LA FUNCIÓN DE COMPLEMENTO CIRCUNSTANCIAL

Es la función representada por un *sintagma nominal, preposicional o adverbial* que nos indica en qué circunstancias se desarrolla la acción del verbo. Se puede construir con preposiciones o sin ellas, y siempre va en el predicado. Los hay de varios tipos:

- De lugar (CCL): *Voy **a Madrid***. (S. Prep.).
- Tiempo (CCT): *Luna viene **todos los días***. (SN).
- De modo (CCM): *El examen está **bien***. (S. Adv.)
- De cantidad (CCC): Fernando *estudia **mucho***. (S. Adv.)
- De afirmación (CCA): ***Efectivamente** Alejandra aprobó*. (S. Adv.).
- De negación (CCN): ***Jamás** iré contigo*. (S. Adv.).
- De duda (CCD): *Jesús quizás venga **hoy***. (S. Adv.)
- De compañía (CC Comp.): *Alejandra Irá al cine **con Luna*** (S. Prep.).
- De instrumento (CCI): *Claudia cortó el papel **con unas tijeras*** (S. Prep.).
- De finalidad (CCF): *Triana vino **para el examen***. (S. Prep.).
- De destinatario o beneficiario (CCD): esto es lo que establece la *Nueva gramática de la lengua española* para este complemento circunstancial: "En algunas gramáticas tradicionales se consideraban también complementos indirectos los encabezados por la preposición para cuando introducen el destinatario de

alguna acción. En la actualidad se considera que no lo son, ya que no admiten la sustitución por pronombres dativos": *compré flores **a mi madre**: a mi madre* es complemento indirecto porque podemos duplicar ese complemento con el pronombre *le: le compré flores a mi madre;* pero en la oración *Compré flores para mi madre, para mi madre* es complemento circunstancial de destinatario porque no podemos reiterarlo con el pronombre *le: Le compré flores para mi madre.*

13. LA FUNCIÓN DE COMPLEMENTO ADJETIVAL

Es la función que viene representada por *un sintagma preposicional, nominal, o adverbial* que complementa a un adjetivo. Puede ir en el sujeto o en el predicado. *Ella es perfecta **para el equipo**, la carne está buena **de verdad**, el coche gris **perla** es rápido, la camisa es verde **clara**.*

Los términos que aparecen en negrita van complementando el significado de los adjetivos que les preceden o que les siguen.

14. LA FUNCIÓN DE COMPLEMENTO ADVERBIAL

Es la función que viene representada por un sintagma nominal, preposicional o adverbial que complementa a un adverbio. Solo puede ir en el predicado. *La reunión se celebró ayer* **noche.***; traerán el televisor hoy* **por la tarde***; hiciste el ejercicio* **bastante** *bien*, Los términos que aparecen en negrita van complementando el significado de los adverbios que les preceden o que les siguen.

15. LA FUNCIÓN DE COMPLEMENTO DIRECTO

Es la función representada por un *sintagma nominal* o *preposicional* que utilizamos para concretar el significado de los verbos transitivos, que se caracterizan por tener una significación imprecisa. Si decimos *Fernando compra*, conocemos la acción que realiza; pero no sabemos cómo terminará el proceso; de manera que pueda ser que Fernando compre **un regalo, un libro**, etc. Lo que compre es el llamado *complemento directo*. Solo puede ir en el predicado. Ejemplos: *Claudia preparó* **el tema de Lengua**. **Te** *veré en el cine. Besó* **a su hermano.**

Importante

- Es bastante común construir el *complemento directo* con los pronombres personales de tercera persona *lo, la, los, las*. Esta forma de componer el CD es muy útil en los casos en los que puedan plantearse dudas o confusiones con otras funciones. *Claudia preparó* **el tema de Lengua**. *Claudia* **lo** *preparó. Besó* **a su madre. La** *besó.*

- El uso extendido del pronombre personal *le* como complemento directo referido a un **nombre masculino**, ha acabado aceptándose por la Academia, de manera que nos encontramos con construcciones *Fernando vio a Rafael en la tienda, Fernando le vio.*

- El mal uso de estos pronombres personales, originan los siguientes fenómenos:

o Laísmo: consiste en utilizar como complemento indirecto los pronombres personales *la, las* en lugar de los también pronombres *le, les. A Yolanda la molesta el ruido* (laísmo). Debería ser *a Yolanda le molesta el ruido.*

o Loísmo: consiste en utilizar como complemento indirecto los pronombres personales *lo, los* en lugar de los también pronombres *le, les. Lo di un regalo de cumpleaños* (loísmo). Debería ser *le di un regalo de cumpleaños*

o Leísmo: consiste en utilizar como *complemento directo* los pronombres personales *le, les* en lugar de los también pronombres *la, las. A Claudia le encontré en el cine* (leísmo). Debería ser *A Claudia la encontré en el cine.* Recuerda lo que hemos visto anteriormente: si el nombre es masculino sí es correcto el uso de *le* o *les* refiriéndose a un *complemento directo. A Fernando le encontré en el cine* y *a Fernando lo encontré en el cine* son construcciones correctas.

16. LA FUNCIÓN DE COMPLEMENTO INDIRECTO

Es la función representada por un *sintagma nominal* o *sintagma preposicional* **iniciado siempre por la preposición *a*** que utilizamos para indicar la persona, animal o cosa que recibe el provecho, daño o beneficio de la acción del verbo. Solo puede ir en el predicado. *Di un beso **a mi madre**. Compraré un vestido **a mi hija**.*

En el caso de que el *complemento indirecto* venga representado por un *sintagma nominal,* el núcleo de este sintagma será siempre uno de los pronombres personales *me, te, se, nos, os.* Hay ciertos verbos, en ciertas construcciones, que *exigen* el complemento indirecto, por ejemplo, *gustar: **Me** gusta esta asignatura.* El pronombre *me* es complemento indirecto.

Las oraciones copulativas también pueden llevar complemento indirecto: *el pantalón **te** está estrecho.*

17. USOS DEL PRONOMBRE "SE"

17.1 Sin función sintáctica. Forma parte de la estructura verbal.

- Como constituyente de un verbo. El pronombre se convierte en integrante inseparable del verbo y junto a él forma los llamados verbos pronominales, como por ejemplo *quejarse, callarse, arrepentirse, atreverse. **Se*** *quejaba todos los días de su vecino. **Se** arrepentirá de lo que ha hecho.*

- Intensificador del significado de un verbo. Simplemente aporta un refuerzo al significado del verbo al que acompaña. La oración no cambia de sentido si prescindimos de él. ***Se** bebió tres vasos de agua después de la carrera. Bebió tres vasos de agua después de la carrera.*

- Oración impersonal. Carece de sujeto gramatical. El pronombre *se* se escribe siempre delante de un verbo en tercera persona del singular. *En grupo **se** trabaja mejor.*

- Indicador de una oración pasiva refleja. Las oraciones pasivas reflejas tienen el mismo sentido que las oraciones pasivas propias, incluyendo un sujeto paciente. *América **se** descubrió en 1492. El pan **se** compró en la panadería de mi barrio.*

17.2 Con función sintáctica de complemento directo o complemento indirecto

- El pronombre personal *se* se utiliza en algunos casos como sustituto de los también pronombres personales *le, les* cuando estos tienen la función de complemento indirecto en el caso de preceder a *lo, la los, las* en función de complemento directo. *Entregué un paquete a mi compañero. Le entregué un paquete a mi compañero. **Se** lo entregué.*

- En las oraciones reflexivas o recíprocas será complemento directo si no hay otro sintagma nominal que cumpla esa función, en caso contrario será complemento indirecto. *Fernando* ***se*** *lava* (*se* CD). *Fernando* ***se*** *lava las manos* (*se* CD, las manos CI). *Rafael y Rosa* ***se*** *escriben* (*se* CD). *Rafael y Rosa* ***se*** *escriben cartas* (*se* CI).

Atentos

Hay ocasiones en que el complemento directo puede parecer en su construcción un complemento indirecto y viceversa, sobre todo, cuando nos referimos a una persona y comenzamos el complemento por la preposición *a*. Para evitar confusiones tendremos en cuenta algunos métodos para reconocerlo y distinguirlo:

- Forzar una pregunta que desarrolle el significado del verbo transitivo. Si encontramos respuesta para ello estaríamos tratando con un verbo transitivo, por lo que es necesaria la aparición del complemento directo. *Claudia trae el coche todos los días.* El que trae, ¿trae algo? Lo que traiga es el complemento directo. *El coche* será por tanto CD. Otro ejemplo: *vi a Fernando en el cine.* Este tipo de construcción induce a error, ya que nos encontramos con un sintagma preposicional iniciado por la preposición *a* que, a simple vista, y por definición puede parecer un complemento indirecto. Estudiemos el caso: el que ve, ¿ve algo? Lo que vea o a quien vea es el complemento directo. *A Fernando* será, por tanto, CD.

- Sustituir el CD por los pronombres personales *lo, la, los, las* y el CI por *le, les*. Es un método poco fiable debido a los casos de laísmo, loísmo y leísmo expuestos anteriormente. No obstante, ofrecemos algunos ejemplos: *Claudia trae el coche todos los días. Claudia lo trae*. Por tanto, *el coche* es CD. Otro ejemplo: *vi a Fernando en el cine. Lo vi en el cine*. Por lo tanto, *a Fernando* es CD. Pero ¿qué ocurre si sustituimos *a Fernando* por el pronombre *le*? Pues que también es correcto según hemos explicado cuando tratamos con complementos directos referidos a nombres masculinos. Como veis este método nos puede confundir; aunque es bueno tenerlo en cuenta también.

- Método de la voz pasiva. Es el más efectivo. Consiste en transformar el complemento directo de la oración activa en el sujeto paciente de una oración pasiva. Si la oración transformada tiene sentido es que realmente era un complemento directo. Vamos a poner dos ejemplos: *Fernando quiere a su madre*. ¿Será *a su madre* CD o CI? Hagamos la transformación de activa a pasiva: *su madre es querida por Fernando*. Como vemos, la oración pasiva construida es coherente y tiene sentido, por lo tanto, *a su madre* es CD. *Fernando compró un regalo a su esposa*. ¿Será *a su esposa* en este caso también CD? Procedamos a la transformación: *su esposa fue comprada un regalo por Fernando*. Como se puede observar, en este caso la oración pasiva creada no tiene sentido, por lo que *a su madre* en este caso es CI.

Cuidado

Hay veces que este método resulta difícil de aplicar, ya que la voz pasiva carece de sentido propio en castellano con determinados verbos. En la oración *mi suegro tiene un coche*, es obvio que el sintagma nominal *un coche* ejerce la función de CD; pero ¿qué ocurre si transformamos la oración en pasiva? Pues que quedaría *un coche es tenido por mi suegro*. La oración creada es correcta gramaticalmente; sin embargo, su significado es confuso e incoherente.

18. LA FUNCIÓN DE COMPLEMENTO DE RÉGIMEN

Algunos gramáticos lo denominan *suplemento*. Es una función que viene representada por un *sintagma preposicional* que se muestra como necesario y obligatorio detrás de algunos verbos como por ejemplo *creer en, arrepentirse de, depender de, acostumbrarse a,* etc. La preposición que inicie el sintagma preposicional puede ser cualquiera. Es muy fácil de localizar si lo sustituimos por la preposición que lleva, seguida de un pronombre personal. *Fernando se acuerda de su padre. Fernando se acuerda de él. Me alimento de patatas. Me alimento de ellas.*

Hay verbos que pueden funcionar como transitivos y como verbos de complemento de régimen: *sospecho algo, algo* es CD, o bien, *sospecho de alguien, de alguien* complemento de régimen. En ocasiones es posible encontrarse con oraciones que tengan complemento directo y complemento de régimen. *El barrendero limpió la calle de papeles* (*la calle* CD; *de papeles* CR). Solo puede ir en el predicado de las oraciones activas; aunque en algunas ocasiones puede aparecer también en las oraciones pasivas: *Los espectadores han sido informados del desastre.*

19. LA FUNCIÓN DE PREDICATIVO

Es una función que viene representada por un *sintagma nominal o adjetival* que complementa al mismo tiempo a un verbo **no copulativo** y a un sintagma nominal que funciona como sujeto o como complemento directo. Solo puede ir en el predicado. *Pablo llegó **triste**, eligieron a Yolanda **delegada**.*

20. LA FUNCIÓN DE APOSICIÓN

Es una función que viene representada por un *sintagma nominal* que complementa a un nombre sin ningún nexo de unión. Puede ir en el sujeto o en el predicado. *Fernando, **el primo de Francisco**, es mi amigo; el río **Guadalquivir** pasa por Sevilla.* En el primero de los casos la aposición se dice que es explicativa por ir entre comas. En el segundo caso se dice que es especificativa porque los sustantivos van unidos sin pausas ni comas.

21. LA FUNCIÓN DE VOCATIVO

Propiamente no es una función. Se considera como un elemento extraoracional con valor exclamativo, por lo que se analiza fuera de la oración. *Fernando, no hagas eso.*

22. LA FUNCIÓN DE COMPLEMENTO AGENTE

Es la función que viene representada por *un sintagma preposicional* iniciado por la preposición *por* que utilizamos en las oraciones pasivas para saber quién realiza la acción. Solo puede ir en el predicado. *El museo fue saqueado por los ladrones.*

23. EN RESUMEN

- **La función de sujeto**
  - o Estructura: SN

- **La función de complemento del nombre**
  - o Estructura: S. Prep.
  - o Puede ir en el sujeto y en el predicado de cualquier oración.

- **La función de atributo**
  - o Estructura: SN, S. Adj., S.prep. o S. Adv.
  - o Tiene que ir en el predicado de las oraciones copulativas.

- **La función de complemento circunstancial**

  o Estructura: SN, S. Prep. o S. Adv.

  o Solo va en el predicado de cualquier oración.

- **La función de complemento adjetival**

  o Estructura: SN, S. Prep., S. adj. o S. Adv.

  o Puede ir en el sujeto y en el predicado de cualquier oración.

- **La función de complemento adverbial**

  o Estructura: SN., S. Prep. o S. Adv.

  o Solo puede ir en el predicado de cualquier oración.

- **La función de complemento directo**

  o Estructura: SN o S. Prep.

  o Tiene que ir en el predicado de las oraciones transitivas, reflexivas, y recíprocas y es opcional en las impersonales.

- **La función de complemento indirecto**

  o Estructura: SN o S. Prep.

  o Puede ir en el predicado de las oraciones copulativas y predicativas.

- **La función de complemento de régimen**

  o Estructura: S. Prep.

  o Solo puede ir en el predicado de las oraciones con verbos de régimen. También en algunos casos aparece en el predicado de las oraciones transitivas y en las pasivas.

- **La función de predicativo**
  - Estructura: SN o S. Adj.
  - Solo puede ir en el predicado de cualquier oración no copulativa.

- **La función de aposición**
  - Estructura: SN
  - Puede ir en el sujeto y en el predicado de cualquier oración.

- **La función de vocativo**
  - Es un elemento extraoracional, por lo tanto, puede ir en cualquier oración.

- **La función de Complemento agente**
  - Estructura: S. Prep.
  - Solo puede ir en el predicado de las oraciones pasivas propias y en el predicado de algunas pasivas reflejas (contexto jurídico-administrativo)

24. PARA ANALIZAR UNA ORACIÓN SIMPLE

1. Recuerda que el orden lógico en castellano es *sujeto y predicado*; aunque no necesariamente siempre es así.

2. Localiza el sujeto y el predicado de forma que cada uno esté bien delimitado.

3. Del sujeto siempre va a salir un SN, del predicado un SV.

4. Fíjate en el núcleo del predicado. Según sea el verbo así será la oración.

5. Sigue siempre este orden en el análisis de cada uno de los elementos de la oración.

   a. Función
   b. Sintagma
   c. Núcleo

6. No olvides ponerle nombre a la oración.

A continuación, vamos a analizar sintácticamente cien oraciones simples que recogen toda la casuística que hemos estudiado en la teoría aquí expuesta. Hemos pretendido acercar la cotidianidad del aula a esta forma de enseñarte estos ejemplos, por lo que cuando escanees el código QR que te facilitamos, se desplegará la página web del autor y podrás observar de puño y letra, en un folio en blanco, tal y como lo harías tú, el análisis en árbol de estas cien oraciones. Esperamos que esta forma de trabajo te resulte útil y de fácil comprensión; ese ha sido el propósito.

El acceso a la información que el código QR proporciona está sujeto a procedimientos técnicos. El autor no puede garantizar de manera constante su disponibilidad.

TEMA V. RECURSOS LITERARIOS

1. JUGAR CON LAS PALABRAS

Jugar con el significado, con el sonido y con el ordenamiento de las palabras nos permite el uso de una serie de licencias que aportan belleza y esplendor a una composición escrita, de tal manera que se puede juzgar la calidad literaria de un texto según el uso que se haga de este tipo de recursos.

2. RECURSOS FÓNICOS

2.1 Aliteración

Consiste en la repetición de un sonido consonante en palabras contiguas. "El ruido con que rueda la ronca tempestad". Zorrilla.

2.2 Onomatopeya

Consiste en la imitación de un sonido de algo en la palabra creada para ello. *Tic-tac, murmullo, etc.*

2.3 Calambur

Consiste en jugar con el significado de las palabras basándonos para ello en la homonimia y en la polisemia o, también, en alterar la normal unión de las sílabas que componen las palabras en una frase. *Oro parece, plata no es/plátano. ¡Ave!, César de Roma./A veces arde Roma.* Puedes pedirle a tu profesor que te explique el famoso calambur atribuido a Quevedo cuando, supuestamente, llama *coja* a la reina Mariana de Austria.

2.4 Paranomasia

Consiste en la utilización de palabras que tienen sonidos muy parecidos y significados distintos. Un *hombre a hombros del miedo* (Blas de Otero); *Ciego que apuntas y atinas/Caduco dios, y rapaz/Vendado que me has vendido* (Luis de Góngora)

3. RECURSOS GRAMATICALES

3.1 Anáfora

Es un recurso por el que repetimos una misma palabra al principio de una oración o de un verso, "**Temprano** *levantó la muerte el vuelo/***temprano** *madrugó la madrugada/***temprano** *estás rodando por el suelo".* Miguel Hernández.

3.2 Asíndeton

Consiste en la eliminación de nexos en una frase. "Veni, vidi, vici", palabras que dirigió César al Senado romano para relatar su victoria sobre Farnaces II en la Batalla de Zela. Se podría traducir por *llegué, vi, vencí.*

3.3 Polisíndeton

Consiste en la reiteración en el uso de nexos con el objeto de dar fuerza y dinamismo a la frase. "Quiero minar la tierra hasta encontrarte/**y** besarte la noble calavera/**y** desamordazarte **y** regresarte...". Miguel Hernández.

3.4 Hipérbaton

Mediante el hipérbaton alteramos el orden lógico en la construcción de la frase. *De Oriente trajeron los Reyes Magos los regalos.*

3.5 Reduplicación

Consiste en la repetición de palabras adyacentes. *Vamos, vamos; que llegamos tarde.*

3.6 Pleonasmo

Consiste en añadir a una frase más palabras de las necesarias con objeto de enfatizar la comprensión. *Lo he visto con mis propios ojos. Bajar para abajo.* ¿Sabías que la muy utilizada *cita previa* es un caso de pleonasmo? Todas las citas han sido acordadas previamente, en caso contrario no serían citas. Distinta y correcta es la expresión *previa cita: solo se atenderá previa* (petición de) *cita*. También son pleonasmos *volver a repetir, factible de hacer, crespón negro, nexo de unión, prever con antelación, persona humana*, etc.

3.7 Retruécano

Consiste en la repetición de palabras ya dichas en el discurso, pero en distinto orden. *Ni son todos los que están, ni están todos los que son. En este país no se lee porque no se escribe o no se escribe porque no se lee* (Larra).

4. RECURSOS LÉXICO-SEMÁNTICOS

4.1 Metáfora

Es una figura literaria por la que cambiamos el significado de una palabra al aplicarla en un contexto distinto. Una metáfora necesita un término real y un término imaginario. En cierta medida una metáfora es una comparación sin la partícula *como. Tus dientes son perlas blancas.*

4.2 Metonimia

Por la metonimia nombramos una cosa o una idea con el nombre de otra con la que coexiste y/o cierta relación de dependencia. Existen varios tipos:

4.2.1 causa por efecto: le perjudicó el frío (el efecto del frío.

4.2.2 contenedor por el contenido: pidió un vaso de agua.

4.2.3 autor por la obra: En el ayuntamiento de Sevilla hay un Velázquez.

4.2.4 citar el lugar por lo que se produce o genera en él: se pidió un Jerez

4.3 Sinécdoque

Es un tipo de metonimia en la que se designa el todo por la parte: *España ganó el fantástico partido* o la parte por el todo: *Hay una cara nueva entre nosotros*

4.4 Oxímoron

Consiste en el uso de palabras de significados opuestos. *Silencio escandaloso. Tranquilidad agitada.*

4.5 Prosopopeya

Consiste en aplicar cualidades propias del ser humano a seres inanimados. *El árbol sonrió por lo que vio.*

4.6 Símil

Es una figura por la que comparamos un objeto, forma, argumento, etc. con otros seres que nos resultan más conocidos. *Es tan listo como un zorro.*

4.7 Paradoja

Es el empleo de expresiones que figuradamente contienen una contradicción. *Solo sé que no sé nada* (atribuida a Sócrates, aunque parece que Platón la recogió por primera vez por escrito). *Prohibido prohibir*

4.8 Sinestesia

Consiste en atribuir sensaciones propias de unos sentidos corporales a otros: *Oigo el color verde, mi compañero tiene la mirada amarga.*

4.9 Hipérbole

Consiste en exagerar de forma intencionada el discurso: *Te he dicho diez mil veces que te calles.*

4.10 Antítesis

Consiste en la contraposición de frases o palabras de significados opuestos. *Fuego es el agua* (Lope de Vega)

TEMA VII. MÉTRICA

1. LA MÉTRICA

La métrica es el arte que estudia los distintos elementos del verso; su estructura, su construcción y las combinaciones que se pueden realizar.

2. EL VERSO

Es una palabra o un conjunto de palabras que están sometidas a medida, ritmo, rima y cadencia.

3. MEDIDA DE UN VERSO

Consiste en contar las sílabas que tiene un verso. Según este número de sílabas, recibirá un nombre determinado. Los más comunes son los versos de cinco sílabas (pentasílabos), de siete (heptasílabos), de ocho (octosílabos), de once (endecasílabos) y los de doce (dodecasílabos). Si los versos tienen hasta ocho sílabas se llaman de *arte menor*. Si tienen nueve o más llaman de *ARTE MAYOR*.

4. RITMO DE UN VERSO

Consiste en la repetición constante de sonidos, pausas, y acentos ubicados al final de cada verso.

5. RIMA DE UN VERSO

Consiste en la repetición de una sucesión de sonidos al final de cada verso, justo a partir de la última vocal acentuada; lleve tilde o no.

5.1 Rima consonante: cuando a partir de la última vocal acentuada (con tilde o sin ella) coinciden vocales y consonantes en el mismo orden. *Llevaba/tocaba/bailaba*.

5.2 Rima asonante: cuando a partir de de la última vocal acentuada (con tilde o sin ella) coinciden solo las vocales en el mismo orden. *Ruido/bonito/niño*.

6. CADENCIA DE UN VERSO

Consiste en la distribución de sonidos, de acentos, de cortes y de pausas en un verso.

7. PARA CONTAR LAS SÍLABAS DE UN VERSO

A la hora de contar las sílabas de un verso tendremos que tener en cuenta una serie de licencias que harán que el verso tenga más o menos sílabas que las aparentes.

7.1 Sinalefa. Consiste en la unión de la última sílaba de una palabra acabada en vocal o en *y*, con la primera sílaba de la palabra siguiente que empieza por vocal, por *y* o por *h* muda. Con esta licencia disminuimos el número de sílabas del verso. *Regresé al campo a buscarte.*

7.2 Diéresis. Consiste en deshacer un diptongo con el objeto de obtener una sílaba más. *Fu-i-mos a recogerle entrada la noche.*

7.3 Sinéresis. Es el recurso contrario a la diéresis. Consiste en unir las vocales de un hiato para así disminuir el número de sílabas del verso. *Poe-sí-a eres tú* (Bécquer).

7.4 Acento final. Si la última palabra del verso es aguda se puede contar una sílaba más. Si es llana permanece igual, y si es esdrújula o sobresdrújula se le puede restar una sílaba:

- *Te fuis-te pa-ra no vol-**ver**.* Ocho sílabas gramaticales que pudieran ser nueve sílabas métricas por acabar el verso en palabra aguda.

- *Sen-tí tu mi-ra-da cá-li-da.* Nueve sílabas gramaticales que pudieran ser ocho sílabas métricas por acabar el verso en palabra esdrújula.

Nota: la utilización de estos recursos queda sujeta a la voluntad del escritor, de manera que podemos encontrarnos en alguna situación en la que se pueda usar una licencia y no nos convenga para no alterar de manera artificiosa el número de sílabas gramaticales previsto por el autor.

8. ESTROFA

Según el DRAE, una estrofa es "cada una de las partes compuestas del mismo número de versos y ordenadas de modo igual de que constan algunas composiciones poéticas". El nombre de cada estrofa vendrá dado por el número de sílabas, de versos y de rima.

Para facilitarte el estudio te las vamos a agrupar por el número de versos. Observarás que, de cada estrofa, vamos a definir su esquema métrico y su rima, para a continuación ponerte un ejemplo. Los números y letras que aparecerán en el esquema corresponden al número de sílabas de cada verso y a la rima, de manera que si lees 8a/8b/8b/8a quiere decir que estamos ante una estrofa de cuatro versos de ocho sílabas cada uno en la que el primero rima con el cuarto y el segundo con el tercero. Si las letras que acompañan al número son minúsculas significa que los versos son de *arte menor*; si son mayúsculas son de *ARTE MAYOR*. El número de sílabas que aparece atribuido a algunas estrofas es meramente orientativo, ya que podemos encontrarnos con variantes en este aspecto. El ejemplo de pareado que recogemos a continuación tiene ocho sílabas, pero también podemos encontrarlos de nueve (eneasílabos) o incluso de catorce (alejandrinos). Así puede ocurrir con otras estrofas.

8.1 Estrofas de dos versos

- Pareado.
  - ➤ Esquema métrico:
    - 8a
    - 8a
  - ➤ Rima: consonante o asonante.
  - ➤ Ejemplo:
    La primavera ha venido.
    Nadie sabe cómo ha sido
    (Antonio Machado).

8.2 Estrofas de tres versos

- Tercetillo.
  - ➤ Esquema métrico:
    - 8a
    - 8b
    - 8a
  - ➤ Rima: asonante o consonante.
  - ➤ Ejemplo:
    No hablo por hablar. Escribo
    hablando sencillamente:
    como en un cantar de amigo.
    (Blas de Otero).

- Terceto.
  - ➤ Esquema métrico:
    - 11A
    - 11B

- 11A
- Rima: consonante.
- Ejemplo:
  Vuelven a estar las cosas de la casa
  y las del corazón donde han de estar:
  en su sitio y haciendo tabla rasa.
  (José Luis Rodríguez Ojeda).

8.3 Estrofas de cuatro versos

- Redondilla.
  - Esquema métrico:
    - 8a
    - 8b
    - 8b
    - 8a
  - Rima: consonante.
  - Ejemplo
    Clamé al cielo y no me oyó
    y, pues sus puertas me cierra,
    de mis pasos en la tierra
    responda el cielo, y no yo.
    (José de Zorrilla).

- Cuarteta.
  - Esquema métrico:
    - 8a
    - 8b
    - 8a
    - 8b
  - Rima: consonante.
  - Ejemplo
    Y todo un coro infantil

va cantando la lección
mil veces ciento, cien mil;
mil veces mil, un millón.
(Antonio Machado)

- Cuarteto.
  - ➤ Esquema métrico:
    - ▪ 11A
    - ▪ 11B
    - ▪ 11B
    - ▪ 11A
  - ➤ Rima: consonante.
  - ➤ Ejemplo:
    Para qué tu mirada. Para qué
    si los dos ya tenemos muy marcada
    la vida. Para qué –di- tu mirada.
    Para qué... Tú lo sabes. Yo lo sé
    (José Luis Rodríguez Ojeda).

- Serventesio.
  - ➤ Esquema métrico:
    - ▪ 11A
    - ▪ 11B
    - ▪ 11A
    - ▪ 11B
  - ➤ Rima: generalmente consonante.
  - ➤ Ejemplo:
    Yo soy aquel que ayer no más decía
    el verso azul y la canción profana,
    en cuya noche un ruiseñor había
    que era alondra de luz por la mañana
    (Rubén Darío).

- Cuaderna vía.
  - ➢ Esquema métrico:
    - 14A
    - 14A
    - 14A
    - 14A
  - ➢ Rima: consonante.
  - ➢ Ejemplo:
    Mester traigo fermoso, non es de juglaría,
    mester es sin pecado ca es de clerecía,
    fablar curso rimado por la cuaderna vía,
    a sílabas contadas que es de gran maestría.
    (El libro de Alexander. Anónimo del siglo XIII).

8.4 Estrofas de cinco versos

- Quintilla:
  - ➢ Esquema métrico: variable. Un ejemplo:
    - 8a
    - 8b
    - 8a
    - 8b
    - 8a
  - ➢ Rima: consonante.
  - ➢ Ejemplo:
    En Roma, a mi apuesta fiel,
    fijé, entre hostil y amatorio,
    en mi puerta este cartel:
    "Aquí está don Juan Tenorio
    para quien quiera algo de él"
    (José de Zorrilla)

- Quinteto
  - Esquema métrico: variable. Los dos últimos no deben rimar. Un ejemplo:
    - 11A
    - 11A
    - 11B
    - 11A
    - 11B
  - Rima: consonante.
  - Ejemplo:

    Desierto está el jardín de su tardanza
    No adivino el motivo el tiempo avanza
    Duda tenaz, no turbes mi reposo.
    Comienza a vacilar mi confianza...
    El miedo me hace ser supersticioso.
    (Ricardo Gil).

- Lira
  - Esquema métrico:
    - 7a
    - 11B
    - 7a
    - 7b
    - 11B
  - Rima: consonante.
  - Ejemplo:

    Si de mi baja lira
    tanto pudiese el son, que en un momento
    aplacase la ira
    del animoso viento,
    y la furia del mar en movimiento
    (Garcilaso de la Vega)

8.5 Estrofas de seis versos

- Pie quebrado o estrofa manriqueña.
  - ➢ Esquema métrico:
    - 8a
    - 8b
    - 4c
    - 8a
    - 8b
    - 4c
  - ➢ Rima consonante.
  - ➢ Ejemplo:
    Recuerde el alma dormida,
    avive el seso y despierte
    contemplando
    cómo se pasa la vida
    cómo se viene la muerte,
    tan callando.
    (Jorge Manrique).

8.6 Estrofas de siete versos

- Séptima. Estrofa muy poco usada. Versos de arte mayor; aunque también pueden alternar con los de arte menor.
  - ➢ Esquema métrico: variable; el único requisito es que no rimen más de dos versos seguidos.
  - ➢ Ejemplo:
    Yo siento ahora que en mi ser se agita
    grandiosa inspiración, cual fuego hirviente
    que se resuelve en el profundo seno
    de combusto volcán, y rudamente
    a las rocas conmueve. Se levanta

y se eleva mi ardiente fantasía
en alas de lo ideal y mi voz canta.
(Rubén Darío)

8.7 Estrofas de ocho versos

- Octavilla
  - ➤ Esquema métrico: variable. Un ejemplo:
    - 8a
    - 8b
    - 8b
    - 8c
    - 8d
    - 8e
    - 8e
    - 8c
  - ➤ Rima: consonante.
  - ➤ Ejemplo:
    Con diez cañones por banda,
    viento en popa, a toda vela,
    no corta el mar, sino vuela
    un velero bergantín.
    Bajel pirata que llaman,   5
    por su bravura, el Temido,
    en todo mar conocido
    del uno al otro confín.
    (...)
    (José de Espronceda)

- Octava real
  - ➤ Esquema métrico:
    - 11A
    - 11B

- 11A
- 11B
- 11A
- 11B
- 11C
- 11C

➤ Rima: consonante
➤ Ejemplo:

El estandarte ved que en Ceriñola
el gran Gonzalo desplegó triunfante,
la noble enseña ilustre y española
que al indio domeñó y al mar de Atlante;
regio pendón que al aire se tremola,
don de Cristina, enseña relumbrante,
verla podremos en la lid reñida
rasgada sí, pero jamás vencida.
(José de Espronceda)

8.8 Estrofas de nueve versos

- Novena. Estrofa muy poco usada. Versos de arte menor. Su estructura suele basarse en una *redondilla* a la que le sigue una *quintilla*.
  ➤ Esquema métrico: variable. Un ejemplo:
    - 8a
    - 8b
    - 8b
    - 8a
    - 8c
    - 8d
    - 8c
    - 8c
    - 8d

➢ Ejemplo:
Blanda cara de alacrán
fines fieros y rabiosos
los potajes ponzoñosos
en sabor dulce se dan;
como el más blando licor
es muy más penetrativo
piensas tú con tu dulzor,
penetrar el desamor
en que me hallas esquivo.
(Rodrigo de Cota)

8.9 Estrofa de diez versos

• Décima
➢ Esquema métrico:
▪ 8a
▪ 8b
▪ 8b
▪ 8a
▪ 8a
▪ 8c
▪ 8c
▪ 8d
▪ 8d
▪ 8c
➢ Rima: consonante.
➢ Ejemplo:
Cuentan de un sabio que un día
tan pobre y mísero estaba
que solo se sustentaba
de unas hierbas que cogía.
"¿Habrá otro -entre sí decía-

más pobre y triste que yo?"
Y cuando el rostro volvió
halló la respuesta, viendo
que otro sabio iba cogiendo
las hierbas que él arrojó.
(Calderón de la Barca)

8.10 El soneto. Mención aparte merece el soneto. Es una estrofa de catorce versos de once sílabas que, generalmente, riman en consonante y se distribuyen en dos cuartetos y dos tercetos; Los ocho primeros versos mantienen una estructura estable, mientras que la de los seis versos restantes es más libre, dependiendo del autor, época o lugar de creación. Es de origen italiano. Los primeros sonetos en lengua castellana hemos de situarlos en el siglo XV y llegan de la mano del Marqués de Santillana.

- Soneto
  - ➢ Esquema métrico:
    - ▪ 11A
    - ▪ 11B
    - ▪ 11B
    - ▪ 11A
    - ▪ 11A
    - ▪ 11B
    - ▪ 11B
    - ▪ 11A
    - ▪ 11C
    - ▪ 11D
    - ▪ 11C
    - ▪ 11D
    - ▪ 11C

- 11D
> Rima: consonante.
> Ejemplo:

Un soneto me manda hacer Violante
que en mi vida me he visto en tanto aprieto;
catorce versos dicen que es soneto;
burla burlando van los tres delante.

Yo pensé que no hallara consonante,
y estoy a la mitad de otro cuarteto;
mas si me veo en el primer terceto,
no hay cosa en los cuartetos que me espante.

Por el primer terceto voy entrando,
y parece que entré con pie derecho,
pues fin con este verso le voy dando.

Ya estoy en el segundo, y aun sospecho
que voy los trece versos acabando;
contad si son catorce, y está hecho.
(Lope de Vega)

8.11 Estrofa cuyo número de sílabas es variable

- Romance

➢ Esquema métrico: variable. El romance tiene un número indeterminado de versos. Suelen ser versos octosílabos. Los pares riman en asonante y los impares quedan libres.

➢ Ejemplo:

Abenámar, Abenámar,
moro de la morería,
el día que tú naciste
grandes señales había.
Estaba la mar en calma,
la luna estaba crecida;
moro que en tal signo nace,
no debe decir mentira.»
Allí respondiera el moro,
bien oiréis lo que decía:
«No te la diré, señor,
aunque me cueste la vida,
porque soy hijo de un moro
y una cristiana cautiva;
siendo yo niño y muchacho
mi madre me lo decía:
que mentira no dijese,
que era grande villanía:
por tanto, pregunta, rey,
que la verdad te diría.
(...)
Anónimo.

- Romancillo

➤ Esquema métrico: variable. Al igual que el romance, tiene un número indeterminado de versos; pero se diferencia de este en el número de sílabas, que son siempre menos de ocho

➤ Ejemplo:

Sea bienvenido
el comendadore
de rendir las tierras
y matar los hombres.
!Vivan los Guzmanes!
!Vivan los Girones!
!Si en las paces blandos,
dulce de razones!

Venciendo moriscos
fuertes como un roble,
de Ciudad Reales
vienen vencedores
que a Fuenteovejuna
trae sus pendones
!Viva muchos años,
viva Fernán González!
(Lope de Vega)

TEMA VIII. DUDAS RAZONABLES

1. EL ABECEDARIO

La palabra **abecedario** proviene del término latino *abecedarius*. Si te fijas bien apreciarás que la palabra está formada a partir del nombre de las cuatro primeras letras de la serie: *a, b, c* y *d*. También se le llama **alfabeto**, que según el DRAE procede "del lat. tardío alphabētum, y este del gr. ἀλφάβητος alphábētos, formado sobre ἄλφα álpha 'alfa' y βῆτα bêta 'beta1', nombre de las dos primeras letras griegas".

El abecedario español está formado por las siguientes veintisiete letras: *a, b, c, d, e, f, g, h, i, j, k, l, m, n, ñ, o, p, q, r, s, t, u, v, w, x, y, z.*

Desde la aparición de la nueva Ortografía de la lengua española de 2010, los dígrafos ch y ll han dejado de ser considerados letras del abecedario español. Esta medida persigue, según dicha Ortografía, "reducir el alfabeto a sus componentes básicos"; aunque, lógicamente, esto no implique que se supriman del sistema gráfico, por lo que continuarán usándose en la escritura como hasta ahora.

2. USO DE LAS MAYÚSCULAS

- El empleo de la mayúscula no es inconveniente para poner tilde cuando así lo requieran las reglas generales de acentuación: *ÁLVAREZ, Ángela.*

- Nombres de fiestas civiles o religiosas: *Día de la Constitución. Asunción de la Virgen.*

- Irá con mayúscula la palabra que sigue a un signo de interrogación o de exclamación, si no se ha interpuesto una coma, un punto y coma o dos puntos: *¿Dónde? En el armario.*

- Se escribirá con mayúscula la palabra que sigue a los dos puntos, siempre que reproduzca palabras textuales o que se refiera a la fórmula de encabezamiento de una carta o documento jurídico-administrativo: *Estimado señor: El motivo de la presente... Fernando exclamó: "No he sido yo".*

- Algunos sustantivos abstractos cuando se consideran conceptos categóricos. Ejemplos: *la Libertad, la Solidaridad, el Amor.*

- Cuando el artículo forma parte de manera oficial de un nombre geográfico. Las dos palabras se escribirán con mayúscula: *La Coruña.*

- Los tratamientos, de manera especial si los escribimos con abreviatura. Ejemplos: *U.* (usted). Al escribirlo con todas sus letras, *usted* no debe ir en mayúsculas.

- La primera palabra del título de cualquier obra: *El dardo en la palabra, El manuscrito carmesí*; sin embargo en las publicaciones periódicas y recopilaciones, se escribirán con mayúscula los nombres y adjetivos que conforman el título: *Cuadernos para el Diálogo.*

- Las letras i y j mayúsculas se escriben sin punto: *JESÚS, Isidoro.*

- Los nombres de disciplinas científicas, carreras universitarias, etc: *Se ha doctorado en Pedagogía.*

- Los nombres y adjetivos que forman el nombre de instituciones, fundaciones, partidos políticos, etc: *el Museo Arqueológico, la Biblioteca Nacional.*

3. MINÚSCULA PARA EMPEZAR

La RAE recomienda escribir con minúscula inicial los nombres de los días de la semana, de los meses y de las estaciones del año: *el miércoles iré al cine.* El numeral cardinal en aposición con el sustantivo que da lugar al nombre del año en una fecha, se escribirá sin el punto. Ejemplo: *nací en 1959.* Delante del año 2000 y sucesivos se escribirá, cuando sea necesario, la preposición *de* y no el determinante artículo contracto *del*: *22 de diciembre de 2003.*

4. MAL USO DEL APÓSTROFO, ESO, DEL APÓSTROFO. ¿APÓSTROFE NO?

Pues no. Un apóstrofe es una figura retórica consistente en la interrupción momentánea de un parlamento, discurso o narración para dirigirse a alguien con un vocativo con objeto de llamar la atención del presente o del ausente. Esto es lo que dice la RAE: "Invocación vehemente a una segunda persona': «¡Aléjate del yo, Simón, y créeme! ¡El yo quema! (Juan Anido dejó de hablar después de este apóstrofe)».

Continuamos, ahora sí, con el apóstrofo. Debemos evitar el uso de este tipo de expresiones: *Expo ´92*. Lo correcto es *Expo 92*. Cuando nos referimos al uso horario no debemos escribir *14´20* sino *14.20* o bien *14:20*. Tampoco debe usarse el apóstrofo para separar la parte entera de un número de la decimal: *3´1416*, sino la coma: *3,1416* o también el ya extendido uso del punto: *3.1416*, propio de los países anglosajones. También es de mal uso en el plural de los acrónimos: *Las ONG* y no *las ONG´S*

5. ACENTUACIÓN DE LOS VERBOS CON PRONOMBRES ENCLÍTICOS

Los verbos con pronombres enclíticos llevan tilde o no de acuerdo con las normas generales de acentuación: *tráemelo, díselo, cayose, estate.*

6. ACENTUACIÓN DE PALABRAS DE OTRAS LENGUAS

Las palabras de otros idiomas que no han sido adaptadas al castellano las escribiremos con comillas o en cursiva, además de los sustantivos propios que sean originarios de dichas lenguas. No se acentuarán si en el idioma del que proceden tampoco se acentuaban: *Harry, William.*

Las palabras incorporadas al castellano o que se encuentren adaptadas completamente tanto a su escritura como a su pronunciación, deberán llevar tilde cuando así lo requieran las normas generales del uso de la tilde: *Moscú, búnker, cáterin*

7. PUNTUACIÓN

- El punto indica la pausa o inciso que se produce al final de un enunciado. Después del punto se escribe con mayúscula inicial, a excepción de las abreviaturas: *las palabras esdrújulas y sobresdrúj.* **llevan** *tilde siempre* (*llevan* con minúscula inicial).

- Los títulos, subtítulos de libros, artículos, capítulos, obras de arte, epígrafes en general, cuando aparecen separados del resto del texto, no llevan punto final.

- El punto y aparte se usa para separar dos párrafos distintos que tienen contenidos diferentes dentro de la propia unidad del texto. A continuación del punto y aparte se deberá escribir en una línea distinta que deberá tener el margen izquierdo mayor que las anteriores. Es lo que se denomina *sangrado* de línea.

- Cuando en un texto aparezcan paréntesis, comillas o corchetes, el punto se colocará siempre detrás de los paréntesis, comillas o corchetes. Ejemplo: *mi madre me dijo: "Debes estar aquí antes de las diez".*

8. ABREVIATURAS.

a. Métodos de formación de abreviaturas. La norma establece dos procedimientos para formar abreviaturas:

i. Por truncamiento. Consiste en la eliminación de las letras o sílabas finales de una palabra: *pág.* por *página*, *dem.* por *demostrativo.* En este caso, nunca deben terminar en vocal: *sing.* y no *singu.* como abreviatura de *singular.*

ii. Por contracción. Consiste en eliminar las letras centrales de la palabra para dejar las sílabas o letras más representativas: *admón.* por *administración.* Las letras voladas se encuentran dentro de esta categoría: *n.º* por *número.*

b. Ortografía de las abreviaturas. Las abreviaturas han de regirse por las siguientes normas si queremos escribirlas correctamente.

i. Si las abreviaturas incluyen en su forma la sílaba que llevaba tilde en la palabra objeto de abreviación, esta debe llevar el acento ortográfico en el mismo lugar. Ejemplo: *pág.* Por *página*; *núm.* Por *número*.

ii. Si la palabra desarrollada se escribiera con mayúscula, se hará de igual modo con la abreviatura. Ejemplo.: *EE. UU.* por *Estados Unidos*. Nótese que el plural de *estados* y el de *unidos* se obtiene duplicando la letra inicial, como también en la abreviatura de *Juegos Olímpicos* que será *JJ. OO.* Las abreviaturas de nombres comunes se escribirán en minúsculas. Ejemplo: *núm.* por *número*.

9. LETRAS VOLADAS.

En las abreviaturas que se representan con letras y con números, excepto los numerales ordinales, y antes de la letra volada, se escribirá siempre punto. Ejemplo: *1.º, 2.º, 3.er,* etc. Si la palabra abreviada es la última de un párrafo y coincide por tanto con el punto final, se escribirá solo el punto de la abreviatura. Este caso se da con mucha frecuencia con la abreviatura de la palabra etcétera.

Ejemplo: *Compré todo lo necesario para la barbacoa: pan, filetes, aceite, etc.*

10. FECHAS

Utilizamos la fecha para referenciar los datos temporales en los que suceden hechos y acontecimientos. Generalmente señalamos el día, el mes y el año. En otros idiomas distintos a los del ámbito del castellano podemos encontrarnos con formatos diferentes en los que se prioriza, por ejemplo, el mes respecto al día. De esta forma y siguiendo con la secuencia latina nos encontramos con que *me casé el 27 de abril de 1991.* Como podemos apreciar en el ejemplo, hemos utilizado una combinación de letras y números; no obstante, también nos podemos encontrar con formatos en los que aparezcan solamente números o solamente letras. En el caso citado en el ejemplo debemos fijarnos en que hemos usado números árabes, el mes está escrito con inicial minúscula y no se ha escrito el punto separador de miles en el año.

El año 2000 supuso una novedad que trajo muchas dudas respecto a la forma de escribir e incluso de decir. En un principio, con facilidad nos encontrábamos con escritos de toda índole que recogían la fecha: *estuve en Londres en agosto del 2000, terminaré la carrera en el 2005.* Sin embargo, en los documentos escritos de carácter más formal no se aprecian los cambios antes mencionados. Desde la Edad Media está afianzado el uso sin artículo delante del año. Por esta razón la RAE **recomienda** conservar este uso en la datación de los documentos escritos que hagan referencia al año 2000 y siguientes. Ejemplo: *2 de febrero de 2000* en vez de *2 de febrero del 2000*. De cualquier forma, y para evitar errores en la interpretación de dicha pauta, se hace necesario considerar que en ningún caso debe considerarse incorrecto el uso del artículo antes del año.

En el caso en que la palabra *año* anteceda al número es imprescindible el uso del artículo: *14 de abril del año 2007*.

11. SIGLAS.

a. **Definición**: Según el diccionario normativo RAE, sigla es: "1. f. Palabra formada por el conjunto de letras iniciales de una expresión compleja; p. ej., O(rganización de) N(aciones) U(nidas), o(bjeto) v(olante) n(o) i(dentificado), Í(ndice de) P(recios al) C(onsumo).2. f. Cada una de las letras de una sigla (palabra formada por letras iniciales). P. ej., N, O y U son siglas en ONU. 3. f. Cualquier signo que sirve para ahorrar letras o espacio en la escritura. Atendiendo a las dos primeras definiciones, nos encontramos con tres tipos de siglas según su estructura formal:

i. Acrónimo: se lee y se escribe como una palabra cualquiera: *ONCE, CAMPSA, ONU, RENFE.*

ii. Se lee como si estuviéramos deletreando: *DNI* [dé-éne-í].

iii. Las que integran los dos métodos anteriores: *NTIC* [én-tíc] (*Nuevas Tecnologías de la Información y de la Comunicación*).

b. **Plural de las siglas.** Las siglas son invariables en la escritura; no obstante, pueden pronunciarse en plural ([deeneís] plural de *Documento Nacional de Identidad*.El plural de las siglas es invariable en la escritura. La referencia nos la dará el determinante o cualquier otra palabra que las presenten. Ej.: *los DNI, los ADN, varios PC.* Está bastante extendido el uso, quizás derivado del inglés, de añadirle un apóstrofo y una *s* al final de la sigla para referirnos a ella en plural. Así nos encontramos con *tres DNI´s* y *varios PC´s.* Estas formas son incorrectas y debemos evitar su utilización.

c. **Género de las siglas.** El género de la sigla vendrá determinado por la palabra más importante, y que generalmente ocupa el primer lugar en la expresión abreviada. Así el acrónimo *ONU* lo expresaremos en femenino debido a que se trata de la *Organización de las Naciones Unidas*; *OVNI* lo expresaremos en masculino ya que es un *Objeto Volante No Identificado.* El acrónimo *AVE*, (masculino, *el AVE*) se presenta como una excepción de la norma, toda vez que toma el género del sustantivo al que se refiere *el tren*. Las siglas en general y los acrónimos en particular son una excepción a la norma que nos exige usar la forma masculina del artículo (el) cuando la palabra que sigue es femenina y empieza por *a* o *ha* tónica. La regla obliga a decir *el águila, el hacha*, etc. Sin embargo, se dice *la AMPA* y no el *AMPA* por *Asociación* (femenino) *de Madres y Padres de Alumnos.*

d. **Ortografía de las siglas.** Las siglas han de escribirse sin puntos y sin espacios en blanco de separación: *RENFE, CAMPSA, ONCE, CSIC.* Solamente cuando la sigla esté integrada en un texto en el que se haya escrito todo con mayúsculas, se colocará un punto detrás de cada letra que compone dicha sigla: *ESE PROFESOR ES DIPLOMADO EN E.G.B.* Normalmente las siglas se escriben con todas sus letras en mayúsculas y no llevarán en ningún caso tilde aunque formaran un acrónimo que, como palabra normalizada, requiriese el acento ortográfico en alguna de sus letras: *ENAGAS* (*Empresa Nacional de Gas*) no lleva tilde aunque se pronuncie en aguda y termine en -*s*. Excepción a esta norma son las palabras que tienen su origen en acrónimos normalmente prevenientes de otras lenguas y que han pasado a ser palabras recogidas en el diccionario normativo de la Academia. Ej.: *láser* (*light amplification by stimulated emission of radiation, amplificación de luz mediante emisión inducida de radiación*), escrito con tilde por ser llana terminada en –r, o *radar (radio detecting and ranging, detección y localización por radio)* sin tilde por ser aguda y terminada en –r. Las siglas son abreviaciones gráficas y orales, por lo que han de leerse sin restituir el texto al que suplen; esto es, si en el discurso hablamos de *ONCE* no se debería especificar *Organización Nacional de Ciegos de España*, de la misma manera que omitimos en su formación los artículos, preposiciones y conjunciones, salvo en algunos casos excepcionales de acrónimos que necesitan de estos componentes para su correcta pronunciación como palabra: *PYME, Pequeña Y Mediana Empresa.*

12. EL CASO DEL ÁGUILA Y OTRAS PALABRAS

El sustantivo *águila* al igual que *hacha, alma, agua,* etc., es de género femenino; aunque muestra la singularidad de empezar por *a* tónica. Debido a la fonética histórica, esta clase de palabras requieren de la forma en masculino del artículo *el* en vez del femenino *la*. Sin embargo, esta norma solo se lleva a cabo cuando dicho artículo *el* está escrito justamente delante del nombre; pero si entre el nombre y el artículo se inserta otra palabra la norma queda sin efecto: *la peligrosa hacha, la bendita alma, la preciosa águila, la preferida agua.* La razón es obvia, al ser femeninas estas palabras, los adjetivos que las acompañan deben concordar con ellas en femenino. El determinante indefinido *una* toma generalmente la forma de masculino *un* para anteceder a este tipo de nombres; aunque no es incorrecto usar la forma en femenino: *una hacha, una alma, una águila.*

Algo similar ocurre con los también indefinidos *alguna* y *ninguna*, que en su forma apocopada decimos *algún hacha, algún alma* mientras que para sus formas plenas mantienen *alguna hacha, alguna alma.*

Por ser nombres femeninos, con los determinantes demostrativos o con los indefinidos deben usarse las formas femeninas correspondientes: *esta hacha, aquella águila, toda el agua, muchas almas,* etc.

13. EL VERBO HABER

Cuando usamos el verbo haber simplemente para indicar la existencia de personas o cosas, lo utilizamos como impersonal, por lo que únicamente tenemos que usarlo en la tercera persona del singular. Al ser un verbo impersonal carece de sujeto, por lo que es imposible la concordancia entre el verbo y un sujeto que no existe. Por ello las expresiones del tipo *habían muchos alumnos en la clase* o *hubieron incidentes al finalizar el partido* son totalmente incorrectas, ya que estamos forzando una concordancia imposible entre el verbo y el complemento directo. Deberíamos decir *había muchos alumnos en la clase* o *hubo incidentes al finalizar el partido*

14. EL ADVERBIO Y LOS POSESIVOS

Debemos evitar el uso de adverbios de lugar tales como *detrás, debajo* o *encima* seguidos de determinantes posesivos: [*detrás mía*], [*debajo suyo*] o [*encima tuyo*]. Lo correcto es *detrás de mí, debajo de él* o *encima de ti*, etc. No obstante, es de reconocer que el uso estos adverbios que indican relaciones de espacio y de tiempo seguidos de determinantes posesivos está muy extendido en la lengua oral y ya también en la escrita.

15. PARTICIPIOS SIN MIEDO

Los verbos imprimir, freír y proveer son los únicos que pueden presentar participios dobles, por lo que es correcto decir freído y frito; imprimido e impreso y proveído y provisto.

16. CONCORDANCIA DE UN ADJETIVO SEGUIDO DE VARIOS SUSTANTIVOS UNIDOS POR LA CONJUNCIÓN *Y*

El adjetivo concordará en género y número con el sustantivo más próximo. *Fui invitado a la extraordinaria fiesta y cotillón;* al ser femenino el sustantivo *fiesta*, escribimos en femenino también el adjetivo *extraordinaria*

17. CONCORDANCIA DE UN SUJETO MÚLTIPLE CUYOS COMPONENTES ESTÁN UNIDOS POR LA CONJUNCIÓN *Y*

Si los elementos de dicho sujeto están referidos a características distintas, el verbo ha de ir en plural. *Su cara y sus manos recuerdan a su madre.* Si los elementos de dicho sujeto están referidos a una misma persona o cosa, el verbo ha de ir en singular. *El diputado y secretario del partido presentó la dimisión.*

18. SPOILER

Está resultando muy extensivo el uso de este vocablo de origen anglosajón para la descripción anticipada de la trama de una película, de un libro o de cualquier acontecimiento: *no me hagas spoiler y no me cuentes el final de la película.* Debemos evitar el uso de este anglicismo innecesario, toda vez que en castellano hay alternativas totalmente válidas y con la semántica referida; así tenemos el verbo *destripar,* que en su acepción cuarta recoge el siguiente significado en el DRAE: "Interrumpir el relato que está haciendo alguien de algún suceso, chascarrillo, enigma, etc., anticipando el desenlace o la solución": *no me destripes el final de la serie de televisión.*

19 EL USO DE LAS MULETILLAS

Una muletilla es una expresión que solemos usar para ayudarnos a construir el lenguaje ya sea oral o escrito. Su uso desluce el discurso y lo vulgariza, denotando la indolencia de quien la utiliza. La RAE la define como "voz o frase que se repite mucho por hábito". Comunes en el uso son *vale; entre comillas* (gesticulando con los dedos índice y corazón de ambas manos); *bueno* (qué futbolista que se precie no la tiene incorporada a su discurso); *en este sentido; ¿en serio?* (mala traducción de la voz inglesa *really* e incorporada al uso por el doblaje de películas y series de televisión. En la década de los setenta y ochenta, el actual *en serio* era traducido por *de veras*, expresión hoy desaparecida en el mundo del cine); *¿sabes lo que te quiero decir?, ¿sabes?, ¿me explico?* (como si el receptor del mensaje no tuviera la capacidad de entender bien lo que se le manifiesta en un mensaje); *¡qué fuerte!* (caso innecesario de sinestesia); *flipante* (curioso caso de cambio semántico de un término que tiene su origen en el vocablo inglés *flip*: *flip your mind* –voltear la mente-); *pillar* (entendido como sinónimo de entender); *qué quieres que te diga; vamos a ver* (desafortunada forma de abrir un discurso) o las muy extendidas *vale* y, sobre todo, *en plan*, quizás la muletilla más usada en la actualidad. Recogemos lo que del uso del *vale* plantea Amando de Miguel: "...en los últimos tiempos se impone la muletilla del "¿vale?" como pregunta estúpida en medio del discurso o al final del mismo en una conversación. Es una pregunta estúpida o meramente retórica porque no pide contestación. Lo malo no es la fórmula (equivalente al "OK" del inglés americano y universal) sino la cansina reiteración. Significa un modo de agradar al interlocutor, al preguntarle una y otra vez si está de acuerdo con lo dicho. Pero, al decírselo tantas veces, la cortesía se transforma en desconfianza y enojo". Algo similar ocurre con *en plan*. Basta darse una vuelta por los patios de los centros de Secundaria o de los campus universitarios para darse cuenta de la repercusión que este sintagma preposicional está ejerciendo en nuestros jóvenes. Recogemos a continuación lo que Lola Pons reflexiona en el magnífico blog https://verne.elpais.com:" Esta construcción (preposición "en" + sustantivo "plan") no es nueva en el idioma y la usamos hablantes de todas las edades para una función concreta, la de "Venimos en plan de auditoría" o "Acudieron en plan de buscar pelea", casos que se dan desde mediados del siglo XX y donde "plan" tiene el significado de intención, proyecto, modo. Pero en los últimos años esta estructura ha ido modificándose de dos maneras. Por una parte, su forma ha variado y se usa más sin "de" ("Héctor está ya haciendo maletas en plan vacaciones" y no "en plan de vacaciones"). Por otra parte, y esta es la historia verdaderamente novedosa, en el español de España ha asumido entre los hablantes jóvenes muchos otros significados nuevos... Puede servir para situar el foco sobre algo, poniendo de relieve justo lo que sigue a "en plan": "Una cosa es tatuarse una palabra, pero Mari Luz se ha tatuado en plan toda la pierna". Y se usa también para mitigar y paliar el efecto de lo que se dice: "Emi se acaba de sacar el carné de conducir, en plan que prefiero no ir en su coche". Es de interés citar lo que Conde Rubio recoge al respecto del uso de esta muletilla en el primer tercio del siglo XX por un escritor de la talla de Lorca en su obra *Bodas de Sangre*:

—Vecina.—Ahora se casará.

—Madre.—(Como despertando y acercando su silla a la silla de la vecina.) Oye.

—Vecina.—(**En plan confidencial**) Dime

El uso de esta muletilla está tan extendido y se ha desnaturalizado tanto la semántica de los términos que componen la expresión, que resulta complicado plantear alternativas a su utilización. De cualquier manera, locuciones tales como *de forma, de manera, con determinada actitud*, etc. podrían considerarse opciones válidas que sirvieran para erradicar el empleo de esta desafortunada expresión; aunque, a fuer de ser sinceros, no parece factible, al menos de momento. Tengamos la esperanza de que el paso del tiempo, tal como ocurriera con *chachi* o con *guay* en los ochenta, acabe con su uso.

20. DUDAS Y NOVEDADES DE LA ÚLTIMA EDICIÓN DE LA ORTOGRAFÍA DE LA LENGUA ESPAÑOLA (2010)

Se recoge literalmente lo que la RAE establece en su documento "Principales novedades de la última edición de la Ortografía de la lengua española (2010)".

20.1 Un solo nombre para cada una de las letras del abecedario

La siguiente tabla recoge lo que la RAE establece para los nombres de las letras

a, A	b, B	c, C	d, D	e, E	f, F	g, G	h, H	i, I
a	be	ce	de	e	efe	ge	hache	i

j, J	k, K	l, L	m, M	n, N	ñ, Ñ	o, O	p, P	q, Q
jota	ka	ele	eme	ene	eñe	o	pe	cu

r, R	s, S	t, T	u, U	v, V	w, W	x, X	y, Y	z, Z
erre	ese	te	u	uve	uve doble	equis	ye	zeta

La recomendación de utilizar un solo nombre para cada letra no implica, en modo alguno, que se consideren incorrectas las variantes denominativas con vigencia en el uso que presentan algunas de ellas, y que a continuación se comentan:

Fuente: http://www.rae.es

- La letra *v* tiene dos nombres: *uve* y *ve*. El nombre *uve* es el único empleado en España, pero también es conocido y usado en buena parte de América, donde, no obstante, está más extendido el nombre *ve*

- La letra *w* presenta también varios nombres: *uve doble, ve doble, doble uve, doble ve* y *doble u* (este último, calco del inglés *double u*). Se da preferencia a la denominación *uve doble*

- La letra *y* se denomina *i griega* o *ye*. El nombre i griega, heredado del latino, es la denominación tradicional y más extendida de esta letra, y refleja su origen y su empleo inicial en préstamos del griego. El nombre *ye* se creó en la segunda mitad del siglo XIX por aplicación del patrón denominativo que siguen la mayoría de las consonantes, que consiste en añadir la vocal *e* a la letra correspondiente (be, ce, de, etc.)

- Se aconseja desechar definitivamente el nombre *ere* para la *r*, así como las formas *ceta, ceda* y *zeda* para la z. Los únicos nombres válidos hoy para estas letras son, respectivamente, *erre* y *zeta*.

20.2 Eliminación de la tilde en palabras con diptongos o triptongos ortográficos: *guion, truhan, fie, liais*, etc.

Un grupo limitado de palabras que tradicionalmente se habían escrito con tilde por resultar bisílabas (además de ser agudas terminadas en -n, -s o vocal) en la pronunciación de buena parte de los hispanohablantes —los que articulan con hiato las combinaciones vocálicas que contienen— pasan a considerarse monosílabas a efectos de acentuación gráfica, conforme a su pronunciación real por otra gran parte de los hispanohablantes —los que articulan esas mismas combinaciones como diptongos o triptongos—, y a escribirse, por ello, sin tilde, ya que los monosílabos no se acentúan gráficamente, salvo los que llevan tilde diacrítica. Las palabras afectadas por este cambio son formas verbales como *crie, crio* (pron. [krié], [krió]), *criais, crieis* y las de voseo *crias, cria* (pron. [kriás], [kriá]), de *criar; fie, fio* (pron. [fié], [fió]), *fiais, fieis* y las de voseo *fias, fia* (pron. [fiás], [fiá]), de *fiar; flui, fluis* (de fluir); *frio* (pron. [frió]), *friais*, de *freír; frui, fruis* (de fruir); *guie, guio* (pron. [gié], [gió]), *guiais, guieis* y las de voseo *guias, guia* (pron. [giás], [giá]), de *guiar*; *hui*, *huis* (de huir); *lie*, *lio* (pron. [lié], [lió]), *liais*, *lieis* y las de voseo *lias*, *lia* (pron. [liás], [liá]), de *liar*; *pie*, *pio* (pron. [pié], [pió]), *piais*, *pieis* y las de voseo *pias*, *pia* (pron. [piás], [piá]), de *piar*; *rio* (pron. [rió]), *riais*, de *reír*; sustantivos como *guion*, *ion*, *muon*, *pion*, *prion*, *ruan* y *truhan*; y ciertos nombres propios, como *Ruan* y *Sion*

20.3 Eliminación de la tilde diacrítica en el adverbio solo y los pronombres demostrativos incluso en casos de posible ambigüedad

El empleo tradicional de la tilde en el adverbio *solo* y los pronombres demostrativos no cumple el requisito fundamental que justifica el uso de la tilde diacrítica, que es el de oponer palabras tónicas o acentuadas a palabras átonas o inacentuadas formalmente idénticas, ya que tanto *solo* como los demostrativos son siempre palabras tónicas en cualquiera de sus funciones. Por eso, a partir de ahora se podrá prescindir de la tilde en estas formas incluso en casos de ambigüedad. La recomendación general es, pues, no tildar nunca estas palabras.

- La conjunción *o* se escribirá siempre sin tilde, como corresponde a su condición de palabra monosílaba átona, con independencia de que aparezca entre palabras, cifras o signos: *¿Quieres té o café?*; *Terminaré dentro de 3 o 4 días*; *Escriba los signos + o − en la casilla correspondiente.*

20.4 Normas sobre la escritura de los prefijos (incluido *ex-*, que ahora recibe el mismo tratamiento ortográfico que los demás prefijos: *exmarido, ex primer ministro*)

- Se escriben siempre soldados a la base a la que afectan cuando esta es univerbal, es decir, cuando está constituida por una sola palabra: *antiadherente, antirrobo, antitabaco, cuasiautomático, cuasidelito, exalcohólico, exjefe, exministro, exnovio, expresidente, posmoderno, posventa, precontrato, prepago, proamnistía, probritánico, provida, superaburrido, superbién, supermodelo, vicealcalde, vicesecretario, antiposmodernista, requetesuperguapo,* etc.

- Se unen con guion a la palabra base cuando esta comienza por mayúscula, de ahí que se emplee este signo de enlace cuando el prefijo se antepone a una sigla o a un nombre propio univerbal: *anti-ALCA, mini-USB, posGorbachov, pro-Obama.*

- Se escriben necesariamente separados de la base a la que afectan cuando esta es pluriverbal, es decir, cuando está constituida por varias palabras: : ex relaciones públicas, anti pena de muerte, pro derechos humanos.

20.5 Equiparación en el tratamiento ortográfico de extranjerismos y latinismos, incluidas las locuciones.

los extranjerismos y latinismos crudos o no adaptados — aquellos que se utilizan con su grafía y pronunciación originarias y presentan rasgos gráfico-fonológicos ajenos a la ortografía del español— deben escribirse en los textos españoles con algún tipo de marca gráfica que indique su carácter foráneo, preferentemente en letra cursiva, o bien entre comillas. En cambio, los extranjerismos y latinismos adaptados —aquellos que no presentan

problemas de adecuación a la ortografía española o que han modificado su grafía o su pronunciación originarias para adecuarse a las convenciones gráfico-fonológicas de nuestra lengua— se escriben sin ningún tipo de resalte y se someten a las reglas de acentuación gráfica del español: Me encanta el *ballet* clásico / Me encanta el *balé* clásico. Juego al *paddle* todos los domingos / Juego al *pádel* todos los domingos La reunión se suspendió por falta de *quorum* / La reunión se suspendió por falta de *cuórum*. Por su parte, las locuciones o dichos en otras lenguas que se utilicen en textos españoles deben escribirse igualmente en cursiva — o, en su defecto, entre comillas— para señalar su carácter foráneo, su consideración de incrustaciones de otros idiomas en nuestra lengua: La historia tuvo un *happy end* de película. Su bien ganada fama de *femme fatale* le abría todas las puertas. La tensión fue *in crescendo* hasta que, finalmente, estalló el conflicto.

REFERENCIAS BIBLIOGRÁFICAS

• Conde, R. (2017). ¿Es «en plan» la muletilla más utilizada hoy en día? Recuperado en agosto de 2018 de https://www.leonhunter.com/es-en-plan-la-muletilla-mas-utilizada-hoy-en-dia/

• Miguel, A. (2015). Una muletilla inquietante: ¿vale?. Recuperado en agosto de 2018 de https://www.libertaddigital.com/opinion/amando-de-miguel/una-muletilla-inquietante-vale-52786/

• Pons, L. (2018). Estamos en plan explicando la expresión "en plan". Recuperado en agosto de 2018 de https://verne.elpais.com/verne/2018/04/01/articul o/1522599285_066782.html

• RAE. Comisión de Gramática (2002). *Esbozo de una nueva gramática de la lengua española.* Madrid: Espasa.

• RAE. *Diccionario panhispánico de dudas* (2005). Madrid: Santillana.

• RAE. *Nueva gramática de la lengua española.* (2009). Madrid: Espasa

• RAE. *Ortografía de la lengua española.* (2010). Madrid: Espasa.

BIBLIOGRAFÍA

- Alarcos, E. (1994). *Gramática de la Lengua Española.* Madrid: Espasa.

- Benito, A. (1992). *Gramática práctica.* Madrid: Edaf.

- Gómez, L. (1997). *Gramática didáctica del español.* Madrid: SM.

- Gómez, L. (2000). *Ortografía de uso del español actual.* Madrid: SM.

- Gómez, L. (2006). *Hablar y escribir correctamente. Tomo II.* Madrid: Arco Libros.

- Kaminski, K. (1986). *Manuel de la correspondencia comercial.* Barcelona: Fausí.

- Mounin, G. (1969). *Claves para la Lingüística.* Barcelona: Anagrama.

- Onieva, J. L. (1988). *Cómo dominar el análisis gramatical superior.* Madrid: Playor.

- Seco, M. (1999). *Guía práctica del español actual: diccionario breve de dudas y dificultades.* Madrid: Espasa-Calpe.

- Seco, M. (2001). *Gramática esencial del español.* Madrid: Espasa-Calpe.

- Seco, M. (2002). *Diccionario de dudas y dificultades de la lengua española.* Madrid: Espasa-Calpe.